U0918072

云南百位历史名人传记丛书

中共云南省委宣传部◎编

国学大师姜亮夫

孙　虹◎著

云南出版集团

云南人民出版社

图书在版编目（CIP）数据

国学大师——姜亮夫 / 孙虹著. -- 昆明：云南人民出版社, 2017.6
（云南百位历史名人传记丛书）
ISBN 978-7-222-15804-7

Ⅰ.①国… Ⅱ.①孙… Ⅲ.①姜亮夫（1902～1995）–传记 Ⅳ.①K825.5

中国版本图书馆CIP数据核字(2017)第148752号

出 品 人：李　维
　　　　　赵石定
责任编辑：宁　琳
装帧设计：马　滨
责任校对：霍　红
责任印制：洪中丽

书名　国学大师——姜亮夫
作者　孙　虹　著
出版　云南出版集团　云南人民出版社
发行　云南人民出版社
社址　昆明市环城西路609号
邮编　650034
网址　http://ynpress.yunshow.com
E-mail　ynrms@sina.com
开本　889mm×1194mm　1/32
印张　6.75
字数　90千
版次　2017年6月第1版第1次印刷
印刷　昆明卓林包装印刷有限公司
书号　ISBN 978-7-222-15804-7
定价　24.00元

如有图书质量及相关问题请与我社联系
审校部电话0871-64164626　印制科电话0871-64191534

云南百位历史名人传记丛书

编委会名单

总 序

丛书编委会

历史长河浩浩荡荡！中华文明自滥觞至汇聚千流，涵纳万水，奔腾迭起，云蒸霞蔚，延五千年之长史，至今生机勃然，是迄今世界上唯一保持完整且衍传有序、光耀于人类的伟大文明。

习近平总书记指出：一个国家、一个民族的强盛，总是以文化兴盛为支撑的。中华民族是具有非凡创造力的民族，我们创造了伟大的中华文明，实现中华民族伟大复兴的中国梦，必须弘扬中国精神。以爱国主义为核心的民族精神，以改革创新为核心的时代精神，是兴国之魂，强国之魂。

云南，是祖国西南神奇、美丽、富饶的宝地，是中华文明中极具特质和创造潜力的丰美之乡。云南少数民族文化是中华民族文化的重要瑰宝。长期以来，云南大地上，各民族和睦与共，相濡相生，共同创造了色彩瑰丽、形态多元、底蕴厚重、影响深远的历史文化，为我们留下了珍贵的精神遗产。人，是历史的镜子，是历史最生动的环节，人民是历史的主人和创造主体。在人类历史的进程中，一个个不同时期的代表人物产生过一些不同的影响。“云南百位历史名人传记丛书”就是这样一丛历史的记录，一百位历史名人，虽未必尽能概全，各位历史人物的代表性也不尽相同，但都是“追梦人”，是振兴民族伟大理想的传薪人、探索者和实践家。

在这些代表人物中，无论是拓土开疆的将帅勇者，还是蹈海酬志的大国使节；无论是志于传播文明的鸿儒巨擘、先哲贤士，还是为民族独立解放而高歌猛进、慷慨捐躯的群雄英杰，都贯注了这一重要精神。正是以他们为代表的云南各族人民创造并抒写了可歌可泣的英雄史章，熔铸了坚韧不拔、奋为人先、包容博大、敢于担当的精神品质，才使云南在中华文明的长史中闪耀着特有的光辉。尤在近代中国，在辛亥护国风云中，在反对外辱保卫祖国边疆维护民族尊严、抗击日本法西斯侵略中，云南站在历史前台，以中华群雄的不屈身影演出了一幕幕豪迈悲壮的历史大戏，也更涌现了一批足以彪炳史册、光照后人的杰出人物。这一切，给予中国历史进程深远的影响。

今天，实现中华民族伟大复兴之梦，谱写富民强滇中国梦的云南篇章，需要以中华文化发展繁荣为重要条件，这就需要接续这一光荣而伟大的精神传统，在继承中创新，在创新中发展，在发展中超越。云南正处于一个新的历史起点上，需要大力挖掘历史文化资源，聚合更强大的精神动力，为推动我省科学发展、和谐发展、跨越发展凝心聚力。为此，我们组织省内外专家学者编写出版了“云南百位历史名人传记丛书”。这对加强我省各族人民，尤其是青年一代对历史的了解、认同，爱国爱乡爱民并甘于奉献，对提升优秀精神品质，形成团结奋斗的共同的思想基础，坚定推进富民强滇的信心和决心，显然有着重要的现实意义和切实的助力。

一百位历史人物，所处历史时期并不相同，其历史作用也有差异，甚至就个人的全面历史评断方面也难以等量趋同。但我们以为这些留存史迹的人物，所以传扬至今，为后世崇奉，均有他们共同的历史向度和价值取向，我们学习这些历史人物，至少应当着重于以下几个大的方面，即：“守大德、重大义、集大成、有大度、达大观”。

守大德，即恪守道德规范。“德者，本也。”（《礼记·大学》）“大德”既是国家民族的根本利益所在，也是中国文化中最核心的价值理念及标准。古语“行德则兴，背德则崩”，不仅是资政经验，也是个人修习完善的根基。所谓“厚德载物”，直观的理解，就是如果德行浅薄，是不能兴物成事，更不能造就伟大功业的。云南历史文化名人，大多以德立身，大节不移，并对此恪守坚定，一以贯之；始终保持正确信念和理想，并为之奋斗到底。这是我们首先要学习尊崇的。

重大义，即以国家民族利益的需要为个人行为取舍的标准。有大义，才有大爱。这些先贤无不爱云南爱乡土，以兴业乡梓、造福一方为己任。尤在国家民族命运攸关、生死存亡的关头，这些令人崇敬的先辈，大义擎天，逢难不避，敢于担当，责无旁贷，勇往直前，不惧牺牲。一个心存天下大公的人总会在不经意的一瞬决定大义的选择，这是社会进步的希望所在，更何况实现中华复兴的伟大梦想，还有很多异常艰危的事业在等待我们去克难攻坚。所以，举凡大义、为民为国、全身而进的精神是我们应当效法崇尚的。

集大成，“知类通达，强立而不反，谓之大成”。这些历史人物留下的足迹，予人深刻启迪。他们无论是出将入相，还是布衣一袭，均勤学不辍，求索不止，在追求真理和知识的道路上刻苦务实，义无反顾，永无终期，故能成大器，胜大任，不辱使命。今天，世界进入知识信息时代，软硬实力决定一个国家能否赢得发展机遇，乃至自立于强国之列的地位。其紧迫性不亚于先辈梦想中国富强的百年期许。但今天所谓“集大成”，是更高更大更具有生存挑战性和发展战略性的，是集世界之“大成”，集政治经济、科技文化、制度建设、社会发展等一切领域“总成”，玉成中国梦的空前伟大的事业。所以，先人刻苦自律、博学精进的学习精神我们应当秉持继承。

有大度，即要有开放包容的胸怀。云南历史文化名人的一个共通品质，也是一个显著特点就是，即使身处僻远，总能破除狭隘与陋见，以宏大度量，兼容并包，接纳先进，吸收优异，团结一切可以团结的力量，聚合一切可以聚合的资源，总成一股创造历史的宏大动力，来完成伟大的事业。哪怕是割股舍己，也在所不惜。今天，云南要实现跨越式发展，保持开放包容的胸怀尤其重要。所以，先辈"天下云南"的大度我们应当弘扬光大。

达大观，即要眼观天下，达察全局，与时俱进，审时知变，敢为人先。推动云南社会历史进步的代表人物，无不目光远大，胸怀全局，对世界潮流、时代嬗变，都能审视洞悉，并欣然顺应规律，故能在历史转折的关键时刻做出正确选择，成就改天换地的一番伟业。古语有"小智自私"、"达人大观"，是将为个人谋私的小智谋与担当天下兴亡的大智慧尖锐对比而言的。否则，"其兴也勃焉，其亡也忽焉"。一个为民为国而应用心智的人，必然有达观天下的心怀，也由此激发潜能、超迈寻常，而使人生境界也更加美好而宏丽。遍观世界文明史，许多影响人类进步的伟大创新，正是以此为动力和起点的。今天，中国经济社会的快速发展，国家的日益强大，正为实现中华民族伟大复兴的中国梦开拓了无限广阔的道路，也为个人实现自身价值创造着更加富实的前景。所以，先辈们达观天下的精神我们应当引为楷模。

我们对志向高远、仰观天下、俯察民情、甘为路石、慨当以慷、求真务实的历史名人，心存景仰，并愿与千千万万的读者，尤其是青年朋友一道学习弘扬。

组织编撰“云南百位历史名人传记丛书”是一项重要的文化工程，编撰出版人员都做出了艰苦的努力，但由于众手修书，书稿层次不一，成书体例难以做到完全一致，对存在的不足敬请读者批评指正，我们将虚心接受，并在修订再版时一并吸纳修改完善。

目录//MULU

目录//MULU

目录//MULU

目录//MULU

第一章 “忠厚传家远，诗书继世长”

众所周知“一方水土养一方人”，“近朱者赤，近墨者黑”。“孟母三迁”的故事就足以证明大的生活环境对一个人成长的重要性。然而，在一个读书人人数还“抵不上四川一个村镇”的地方，一个重武轻文的地方，有个家庭里却走出一位享誉中外的国学大师。

书香门第

昭通古称“朱提”“乌蒙”，位于云南东北部，是滇、川、黔三省的交汇处，从古至今均是云南通向川黔两省的重要门户，是中原文化进入云南的重要通道，素有“锁钥南滇，咽喉西蜀”之称。这里是个商业汇集区，这里是“盛产”军人的沃壤，这里是贩卖鸦片人的乐土，这里是个重武轻文的地方，这里的读书人少得可怜，然而这里却走出一位享誉中外的国学大师——姜亮夫。

姜亮夫，原名寅清，字亮夫，以字行，号成均楼、北邨老人、江南蒙叟。光绪二十八年（1902年）夏历四月十二日生于云南昭通一个书香门第。

姜亮夫的八世祖正荣公在昭通是很有名望的，他的高祖父和曾祖父都是武官。从其曾祖父起，姜家就开始重视读书，到了姜亮夫的父辈，兄弟四人共出了三个举人（大伯思孝、二伯思敬和父亲思让），其中四叔思敏以官费生的身份到日本东京高等师范学校留学。姜亮夫的大伯父在昭通二中教国文，古文基础很好，阅历丰富，善于应酬，因此善于写应酬文章。二伯父在中学教书，是姜亮夫父辈四兄弟中才情最高的，诗词写得好。四叔在昭通二中任教并做过校长，后又到女子中学任校长。姜亮夫的父亲多写哲理性的文章。因此姜亮夫家是个名副其实的书香门第。因姜家出了三个举人，所以家里藏有许多旧典籍，姜亮夫日后之所以从事古籍研究，与他从小就能接触到这些中国传统典籍是分不开的。这个家族对读书重视的良好风气，使得姜亮夫遗传了家族的喜欢读书的良好基因。姜亮夫小时候是按照考功名的路子来读书的，从《三字经》《千字文》到读“十三经”、背“四书”，无一或缺。由于姜亮夫的父亲在北京求学，受维新思想的影响，常常看梁启超主编的《新民丛报》，章太炎主办的《国粹学报》，等等，所以这也影响到姜亮夫，使他不拘泥于只读中国传统的“四书五经”，也读《格致教科书》《地球韵言》《历代都邑歌》等历史、地理类的书籍，这样就使他从小受到科学知识的熏陶。

历史上的昭通有着灿烂的文明，这里的朱提文化被誉为“宁州之冠冕”，与滇文化、洱海文化并称云南历史文化的代表。但是近代的昭通是个很不重视读书的地方，在清末民初，这里的读书人不过近十人，“抵不上四川一个村镇”。姜家虽然在当地被称为书香门第，也只不过是名声好听而实受欺负罢了。尽管如此姜家还是一直很重视读书，哪怕在姜亮夫读中学时与军队发生冲突，差一点把家毁了，哪怕是大学期间因为“杨森事件”，差一点送命，哪怕是到段祺瑞执政府门口请愿，姜亮夫的家庭还是坚持让他读书。当然，姜家在是否让姜亮夫继续读书的问题上是有分歧的，但是二伯父和父亲依旧大力支持姜亮夫去读书。受这样家庭环境的熏陶，姜亮夫成为一代国学大师就不难理解了，这就是所谓的“忠厚传家远，诗书继世长”。这就使姜亮夫有条件较之其他同时代的人在一个较高的基点上起步。

姜亮夫的父亲姜思让毕业于清末的京师大学堂，是个“具有爱国思想的维新人物”，在武昌起义后回到昭通领导当地的“光复运动”，做了第一任昭通县（现昭通市）自治局局长。云南护国之役时又在昭通动员民众募捐支援反袁部队。姜亮夫从小就受到父亲爱国思想的影响，从中学起就积极参加当时的政治活动。除此而外，父亲也是姜亮夫最早的启蒙老师，在姜亮夫五六岁的时候就教他读、写文天祥的《正气歌》，教姜亮夫如何评价《红楼梦》中的人物并且还出题目考验姜亮夫。姜亮夫自己说：“这是我一生中第一次进行专题研究的课题吧，

姜亮夫的父亲姜思让和母亲何淑碧合影

也是我一生研究古文献学的前奏。”母亲何淑碧忠厚、勤劳、朴实，事事处处最能忍让，是传统中国女性的典型，姜亮夫说他自己遗传母亲的地方比较多。母亲的这些品质对姜亮夫所具有的坚强毅力是很有影响的，如果姜亮夫没有这种韧性，那么在后来的祸乱交兴、颠沛流离的时代中，在折磨人的十年“文化大革命”中是很难坚持学术研究的。

外家影响

姜亮夫的外祖父字写得好，画画得好。姜亮夫受外祖父的影响从小就喜欢写字、画画，也常常跟随外公习字、画画。而且，姜亮夫的大舅喜欢画花鸟，二舅善于画山水，五姨娘喜欢画仕女，因此姜亮夫从小受外家人写字、画画的熏陶，在后来也写得一手好字，画得一手好画。姜亮夫外家的一个小舅父不仅跟随姜亮夫的父亲读书，而且还请了一位英国传教士教他读英文，后来这位小舅父也带着姜亮夫学习英文，因此姜亮夫在很小的时候就会读英文，在初小的时候就能帮同学拼英文名字了。从小就接触英文对他日后可以阅读外文书籍，可以翻译外文著作，可以走出国门，以至于对姜亮夫的融贯中西的治学方法是很有影响的。

来自家庭和外家的影响塑造了姜亮夫坚毅的品格，锲而不舍的精神，这就使得他无论在多么艰苦的环境下都

姜亮夫外公何月桥的书法手迹

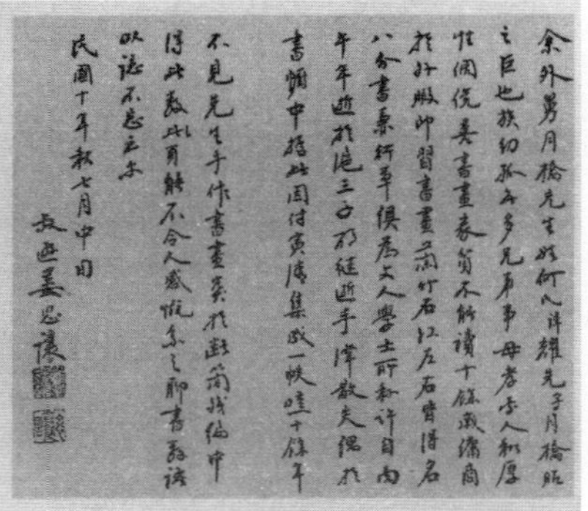

姜亮夫父亲姜思让书法手迹

姜亮夫外公何月桥的画

依然坚持自己的学术研究；也使得姜亮夫关心时政，热爱祖国。当然这样的环境的确是促使他成为一代大家的有利条件，但是学校的教育和经历也起到不可或缺的重要作用。

第二章　从西南边陲到帝辇之下

一人在芳年华月一步一步从边陲到京城，需要经历多少艰辛？每个人都知道“读万卷书，行万里路”，可是又有多少践行者？兵荒马乱的岁月又有多少人能手不释卷？当看到一个人的毕业证上导师栏的签名是王国维、梁启超、赵元任、陈寅恪、李济，你会有什么感受？

学校教育对于一个人知识的学习，具有很重要的作用；学校在思想道德教育方面也负有很重要的责任。姜亮夫自己曾说从读书开始就基本上没有离开过学校，所以学校是他生命线中很重要的部分，他取得的成绩与这些学校的教育是密不可分的。

初入学堂——语言文字启蒙

很多小学老师并不一定很有名气、很有地位，但是作为启蒙的小学老师却常常会影响一个人一生的思想品质，尤其是好的启蒙老师与学生今后的成长关系很大，姜亮夫对此是深有体会。

民国三年（1914年），姜亮夫开始在昭通县高等小学上学，当时昭通只有两所小学：南校在孔庙，北校在武庙。姜亮夫先是在昭通的南校读过一个学期，后来就一直在北校学习，北校有两位先生对姜亮夫的影响很大。一位是校长杨以久，他不仅自身勤勤恳恳、老老实实，而且对学生也是这样教育的，他告诫学生要："知之为知之，不知为不知，是知也。"姜亮夫曾跑去看不准学生参观的关云长和玉皇母两座神像，而对杨校长说了谎，校长就对姜亮夫进行了一番教育，从此之后姜亮夫再也不敢对人说谎话了，直至到了大学毕业参加工作，才对"谎话"这个问题有了进一步的认识。姜亮夫一辈子都是勤勤恳恳、实事求是地做学问，既不自欺，也不欺人，这与杨校长教导姜亮夫的为人处世是分不开的。另外一位给姜亮夫留下深刻印象的是一位叫李士富的先生。李士富先生是高小一年级国文课的老师，李先生课堂上讲述的文字和语言知识对姜亮夫的启发很大，加之姜亮夫用心学习，把李老师课堂上讲述的方法推而广之，运用到读古文上，收获颇多。由此看来李士富先生算是姜亮夫的学术启蒙人，尤其是在语言文字上。

《红楼梦》送他走出青年时代

民国七年（1918年），姜亮夫进入云南省立第二中学一班读书。二中有几点是需要说一下的：这里有昭通最古老也是全国较古老的碑——东汉《孟孝琚碑》，后来姜亮夫到清华大学读书的时候，梁启超先生还曾问及姜亮夫有关这个碑的情况。二中的校址主要建在清代的考棚之上，这种本身就有的文化底蕴使得这里校风很好，学生都很尊重老师，尊师重道是这里很大的一个特点。二中的读书风气也好，不仅正课没人缺席，就连晚自习也都是全勤。

姜亮夫和二中还是比较有渊源的——大伯父、二伯父都在这里任教，四叔做过二中的校长，并且学校在扩建的时候设计师就是姜亮夫的舅父何仲云。何仲云先生不仅一心一意为学校，而且还画得一手好画，并担任学校的总务长一职。何仲云先生以东京高等师范学校的教室为蓝本亲自设计图样并监制，还想方设法从昆明购买到玻璃装在大窗子上，在大窗子上装玻璃这在当时的昭通实属首例。何仲云先生担任总务长，对学校的总务认真负责，给学生们上博物和画画课，对学生们极为负责，这些于姜亮夫也是深有影响的。

在二中也有几位老师对姜亮夫的影响很大。一位是刘涛安老师，是学校的学监并担任史地课的老师，刘老师很喜欢读书，加上刘老师很受学生们的爱戴，学生们就经常到他的窗前听他读书。刘老师处处关心学生，每天都会陪学生吃一顿饭，还常常带学生们去远足，与学生们相处得很融洽。刘老师对学生的认真负责态度也深深影响到姜亮夫，从事教学工作的姜亮夫对学生也是非常关心，针对每个学生的特点指导学生，关心学生的生活、婚姻等各个

云南省立第二中学（现为昭通一中）校舍

方面。这其中还有一位是具有朴素的爱国思想的体育老师蒋子才，蒋老师虽然只是教体育课，但是他很爱读书，还会画国画、油画、炭粉画，给姜亮夫留下的印象极为深刻。蒋老师不仅教学生们锻炼身体，还教学生们画画，最重要的是他经常鼓励学生要爱自己的祖国，要为国家出力。

姜亮夫在中学的学习生活并不是平淡无奇的。20世纪的中国风起云涌，处在历史的大变革之中，西学传入、维新变法、军阀混战、辛亥革命……姜亮夫也受到了这些的影响，加上受其父亲爱国思想的影响，所以在中学时代姜亮夫就积极参加学生运动。

姜亮夫在中学时代主要还是以刻苦学习为主，同时他又不仅仅拘泥于学校里教授的知识。在整个中学时代对姜亮夫影响最大的是《红楼梦》，当时学校是不允许看《红楼梦》的，但是姜亮夫的父亲支持他读这部书，还教他阅读的方法，所以姜亮夫那时候真是“入魔”般地看《红楼梦》，还列出书中人物的世系图，为书中的人物作画，想象大观园的样子，随着书中人物的喜而喜，悲而悲，那时姜亮夫可谓是天天睡在《红楼梦》中，直到后来看到王国维的《静安文集》中有关于《红楼梦》的评论，姜亮夫才发现自己对《红楼梦》的评论太幼稚，感到《红楼梦》中是有大的哲理的。这也成了姜亮夫后来学术兴趣转变的一大关键点。可以这样说，一部《红楼梦》送姜亮夫出青年时代。

宵旰攻苦——省城补习生活

中学毕业后，姜亮夫到昆明准备报考大学，他觉得自己的英语不够好，就到昆明语言补习学校补习英语。这里有一位外国老师叫白希文（音译）。这位老师很特别，他不求功名利禄，只是想帮中国多培养一些懂英文的人，觉得云南是个重点，于是就来昆明办学。白希文是一位很特殊的人物，但是关于白先生的情况直到后来姜亮夫出国游学的时候才知道得更多：白希文在英国文坛上有一定的地位，和苏曼殊交往很深，并且在法国文坛上也有知名度，法国人希望他加入法国籍，但是白先生说他更愿意加入中国籍。白希文讲课用的教材都是原著，所以姜亮夫学起来比较吃力，但是姜亮夫很是刻苦，几乎每天早晨都是天未明就起床，晚上复习到半夜。白希文先生也是一位不错的老师，他不仅是纠正了姜亮夫的发音，最重要的是教会了姜亮夫学习外语的方法：在读英文原著的时候遇到看不懂的单词不要急于查字典，暂时放下，再继续往下看个二三十页自然就明白了。后来姜亮夫反复实践，发现果然是这样。白先生还说读原著不要死记硬背，只要多读自然就会明白。白先生又精选了十六七篇一定要姜亮夫背过，看似矛盾，实际上是要有选择的背。通读与背诵要有机结合。这是姜亮夫从白希文先生那里学到的最重要的方法，直到读大学的时候姜亮夫的外语成绩在班里还是名列前茅，更重要的是白先生的读书方法甚至对姜亮夫后来，的学术研究都有深远的影响。在昆明语言补习学校补习之后，姜亮夫的英语成绩得到了提高，从而使得姜亮夫以优异的成绩获得官费生名额，顺利进入了成都高等师范学校（四川大学前身）继续深造。

学术研究帷幕的拉开

姜亮夫于民国十一年（1922年）进入成都高等师范学校学习。姜亮夫去四川求学的路很艰难，先是家中在姜亮夫是否报考大学这件事上起了争论，当时姜亮夫的父亲外出，大伯父不表态，四叔坚决反对，只有二伯父支持，最后二伯父说服了祖母，姜亮夫才得以参加考试。再者从昭通去往四川的路极为艰险，深谷高山相间，不时就有巨石滚落，所以姜亮夫一路骑马是相当惊险的。在顺利到达成都之后一切就不一样了，四川的文风、艺术风、刻书风都很盛行，这种大环境对姜亮夫的学习很有帮助。由于买书很方便，价格也便宜，于是姜亮夫在这个时候买了不少书，因此也读了很多书，这些都为他以后的学术研究打下了基础。后来出版的《昭通方言疏证》就是在此时打的根基：这个时候姜亮夫在四川读到章太炎的《新方言》，发现有些方言和昭通的方言类似，于是姜亮夫又查找资料，写下了四百多条昭通方言考，这就是后来的《昭通方言疏证》的基础。

学校设在明朝蜀王府旧址内，条件比较艰苦，起初姜亮夫还是有些失望的，但是一位去过武汉、南京的同学说了一番让姜亮夫稍感欣慰的话："房子虽旧，老师却非常认真，非常好。"当时姜亮夫并没有立刻理解这句话，后来姜亮夫又记起父亲曾教诫过他说："一切事情不能看外表，要看它的实际内容。"姜亮夫这才开始稍稍缓解对成都高师的失望之情。的确成都高师的"内容"大大超过它的"外表"，这里也算是"群贤毕至"吧，四川的"五老七贤"中"七贤"的林山腴、龚向农、李培甫在成都高师教书，而"五老"中的侯文龙、廖季平也偶尔到学校上课，"五老七贤"是清末民初在成都寓居的一批没有实际官职，而在社会上有一定影响力的遗老闲人。他们中有前清的状元、进士、举人、知府、翰林、御史，也有"一生不做官，桃李满全川"的教育家。其中的佼佼者被尊称为"五老七贤"。更有"金玉文章"之称的中国人民大学创始人吴玉章先生担任成都高师的校长。姜亮夫在这些名师的指导下开始了学术的萌芽。

姜亮夫在成都高师接触到不少学识宏通，人品极高的名师，其中对他影响最大的当属林山腴（思进）、龚向农（道耕）二位。姜亮夫在学校听的第一堂课就是林山腴先生讲的，这给姜亮夫留下很深的印象。林先生要求每一位同学都买一部《书目答问》，然后告诉学生们哪些是必读篇目，哪些是浏览篇目，哪些是偶尔翻翻的篇目，哪些是不用读的篇目。王鸣盛在《十七史商権》中说："目录之学，学中第一要紧事，必从此问途，方能得其门而入。”所以这些目录学的学习对姜亮夫一生的读书帮助极大。林先生的课以《汉书》为基础，并同《史记》《国语》《国策》《春秋》三传相对照进行教学，这样学习的好处是能明白同一件事在不同书中记录的区别。从这里姜亮夫明白了读书一定要许多书互相参照。

姜亮夫在成都求学期间寄了一首诗《到成都报家书》给家人，后来这首诗又刊登在学校的校刊上，加上状元侯文龙的赞赏，使得姜亮夫想走诗词创作的道路。当姜亮夫读完林山腴先生的《清寂堂诗集》之后，就对诗集中的诗写短文评论，当然这个“评”只是称赞，不是批评。林先生看了之后说姜亮夫“其志可嘉”，并对《到成都报家书》做了点评，又指导姜亮夫如何读诗、写诗。林先生还借给姜亮夫当时在成都买不到的姚鼐的《今体诗钞》看，姜亮夫就把这本书抄了一遍，这成为他一生整部抄书习惯的开始。姜亮夫写诗积累到三四百首之后就给林先生看，但是林先生只留下近十首诗和二三十句好句子，然后对姜亮夫说：“你的功夫是白费的，你不是作诗的人，你这人没有诗趣！”林先生的观点是正确的，后来姜亮夫到了清华之后，梁启超和王国维看了姜亮夫的诗亦认为姜亮夫受“理障”而没有才华，不适合做诗人。所以这就成为姜亮夫在学术道路上的第一变。

林山腴先生教给姜亮夫的治学要点很多，如教姜亮夫如何读书，就说：“不论作诗作文先辨雅俗，化俗为雅；当儒生要比做高官安适而能有进步，不致陷沦于恶俗圈子中。”林先生的这种教育观也决定了姜亮夫一生所走的道路。虽然林先生不同意姜亮夫走诗人这条道路，但还是很认真的为姜亮夫改文章，这使得姜亮夫作文章方面进步很大，所以姜亮夫写得一手好文章，后来在清华国学院的入学考试中也发挥了很大的作用，这与林先生当年的指导密不可分。林先生还说：“读诗先不看诗话，读词先不看词话，读史万不可从读史论入手。”实质上就是说，不看杂书，而是先把原书读通，这使得姜亮夫非常地佩服林山腴先生。林先生曾说：“研究国文要有基础和根底。基础是要把‘小学’学好，文字、声韵、训诂的常见书要读过。”这个观点对姜亮夫的学术道路具有更深远、直接的影响，在林先生的指导下，姜亮夫在“小学”方面打下了坚实的基础，以至于后来到了清华研究院，连王国维先生都说姜亮夫的声韵、训诂不错。与林先生有过类似观点的还有龚向农先生。

龚向农先生也强调读基础书，如《诗经》《尚书》《荀子》《史记》《汉书》《说文》《广韵》等等。龚先生说：“这些书好似唱戏的吊嗓子、练武功。”在成都的几年时间里姜亮夫认认真真地读了不少中国历史文化基础的书籍，为日后研究中国传统文化打下了根基。这也成为姜亮夫一生治学的得力之处。龚向农先生是学兼汉宋的经学家，终身以儒师为职志，培养了很多人才。龚先生的学识人品都很高，他曾经变卖自家的财产救正处于困难中的

四川师范大学，能这样做是很罕见的。龚先生的这些品质对姜亮夫的影响不言而喻。龚向农先生主要教授“国学概论”和“经学史”。龚先生还自编了许多讲义，他觉得外面流传的《经学史》都有问题，于是就自己编写了一部。龚先生还自编了《经学概论》，姜亮夫从中受益匪浅，后来姜亮夫在大学四年级时用自己教书赚的钱把龚先生的《经学概论》和林先生编写的《中国文学史》印了出来，这成为姜亮夫一生中最得意的一件事。龚先生教导学生们：读书应该将著书的时代背景弄清楚，要懂得这个书是为什么而作的。龚先生的这些读书方法对姜亮夫读书、做学问的影响很大。

姜亮夫一生读的书很杂，不会因为他研究中国传统文化的东西就不涉及其他的知识，比如他也看经济学的书，这也与这个时期在成都高师学习的课程有关。校长吴玉章为学生们讲“经济学”。吴先生对学生们说：“你们将来一定要同经济、政治碰头的，不学经济，不知中国将来前途怎样走。”这就给了姜亮夫很大的启发，所以姜亮夫系统地看了些经济学方面的书。

在成都高师讲课的老师很多，比如还有廖季平，姜亮夫听他的课并不多，但每次去听都有收获。廖先生为了引证一个观点，可以大段大段地背诵原始材料，并且还可以说出在某一版本某一页某一段，这让姜亮夫很是佩服廖先生的惊人记忆力，后来到了清华国学院，见识到梁启超和王国维先生的超强记忆力时，姜亮夫还时时不忘在成都

也有这么一位记忆力突出的奇人。

在成都的时候，姜亮夫常常去这些先生家里拜访他们，单独的见面就使得先生们可以给姜亮夫“开小灶”，于是姜亮夫获益良多。姜亮夫曾一连去了三次陈希夷先生家里，陈先生见姜亮夫如此诚恳才出来接受拜访。陈先生是讲哲学的，陈先生说了这么一段令姜亮夫印象深刻的话：“你不要专搞中国哲学，中国哲学要搞，但要作为基础来学，学好后，用西洋哲学来对照，看看有什么不同。如果没有中国哲学的根底，是无法懂西洋哲学的。”还说：“三十岁之前不读点唯物主义的书，是没有成就的，三十岁后要读点佛学，四五十岁了还没有读佛学，一辈子就完了。”这两段话对姜亮夫影响很大，在陈先生的影响下，姜亮夫读了几种佛学书。到了20世纪90年代初，著名的佛教圣地灵隐寺的住持要姜亮夫为新建的“药师殿”写楹联，于是姜亮夫的佛学知识显现出作用来，如果姜亮夫没有点佛学知识，是很难胜任这项工作的。

成都高师要求学生们锻炼身体，增进健康，每周都有三次体操课。在成都的四年间里，姜亮夫除了第一学期生过病外以后再也没生过病。成都高师要求学生锻炼身体的思想也深深根植于姜亮夫的脑海，尽管由于后来环境的影响，姜亮夫的身体不是很健康，但是他能一直工作到九十多岁的高龄，与当时打下的身体基础不无关系。

20世纪20年代的中国正值军阀混战、民不聊生的时

代，姜亮夫读书的四川也是祸乱接踵，四年的成都高师学习生活都是在枪炮声中度过的。有一次晚自习的时候，有一粒子弹擦鼻而过，打得旁边墙上的粉末落了满桌。还有一次在睡觉的时候，子弹打到屋顶上反弹到被子上时，子弹还烫手。这些都是四川军阀杨森兵围成都时搞出来的，因此姜亮夫对四川军阀深恶痛绝，这种愤恨也为后来发生的事埋下了隐患。

姜亮夫在成都高师的学习生活本来是很简单的，但是在举行毕业典礼的时候发生的一件事却给成都高师的生活增添了点调味品。毕业典礼上姜亮夫作为毕业生代表致辞，具有爱国思想的姜亮夫却因对出席毕业典礼的四川军阀杨森恨之入骨，就当场说杨森的不对之处，气得杨森拂袖而去。当时的校长张表方知道姜亮夫闯了大祸，于是和林山腴先生一起帮助姜亮夫逃到华西大学，后来杨森果然带军队到学校要抓姜亮夫，这真是一件极为惊险的事情啊。

毕业典礼的风波过去之后就开始了毕业考察。这次毕业考察对姜亮夫来说意义非凡。考察团先是到了重庆，在等船的间隙参观了女二师，在这里开了一次座谈会，姜亮夫发表了一些关于国家安危与读书的关系的言论。这件事不只是这么简单，因为麻烦还在后头。在考察团到上海之后，创办《醒世周刊》的曾琦见了姜亮夫和另外两位同学，希望他们可以加入救国队伍。在姜亮夫犹豫之际，三人中有一位对政党比较了解的同学，对姜

亮夫说："加入一个党，要为这党牺牲一切，和读书不同。"这席话使姜亮夫顿悟了不少，再次见到曾琦时立刻拒绝了他。这件事也影响到姜亮夫今后道路的选择，这就是重庆女二师座谈会言论产生的连锁事件。考察团一路去了很多地方：重庆、武昌、南京、上海、杭州，这一趟实地考察，大大开阔了姜亮夫的眼界。考察结束时姜亮夫选择了继续北上北京。北京是姜亮夫在学术道路上的第二变。

成都高师是一代学术宗师成长路上的一个加油站，姜亮夫在这里打下了扎实的国学基础，姜亮夫的学术道路由此开始萌芽。这所学校有良好的学风，重视学术，老师讲课都是发讲义的，不仅发老师自编的讲义，就是已经出版了而在成都买不到的书也会印成讲义发给学生们，这种气魄在其他学校是很难见到的。这里的德育是先生们以身教，智育是先生们拿自己的学问来教，体育是要求学生们增进健康。因此成都高师不仅对提高学生成绩功不可没，而且对培养一代国学大师也有不赏之功。姜亮夫的成都高师生活结束了，但是他的学术道路才刚刚开始。

攀登学术的高峰——水木清华生活

成都高师和清华的读书经历对姜亮夫来说都意义非凡。姜亮夫于民国十五年（1926年）八月，考入北京师范大学国文研究所读书，当时的北师大也是人才济济，有钱

玄同、朱希祖、黄季刚等。如果姜亮夫安安稳稳在北师大读到毕业也会有很好的发展，但是历史的车轮从来就不是安于现状、贪图安逸的人在推进的。姜亮夫就是这样一个不甘心安于一隅的人物，他是明知山有虎，偏向虎山行，因而他选择了挑战清华大学。因为当时在学生中盛传清华大学的入学考试极难，于是姜亮夫就萌发了再考清华的念头，但是姜亮夫的清华入学考试也不是一帆风顺的。

那时候清华的入学考试已经过了，但还没有发榜，姜亮夫想不管怎样先试一下再说，就给梁启超先生写了一封信，在信中做了一下自我介绍和自我推荐，并说明错过考试的缘由，加之当时还有其他人也要求补考，所以清华又给这些人额外加试。先是进行面试，梁启超先生亲自面试，除了问姜亮夫与几个人的关系之外，就只出了一个题目：试述蜀学。姜亮夫在四川时就努力读书，加上林山腴先生在写文章上的悉心指导，所以这篇考试文章写得不错，得到了梁任公的赞赏。王国维先生的考题都是关于“小学”的，姜亮夫对王国维先生的提问对答如流，王国维先生当场就决定录取姜亮夫这位学生了，让当时的助手赵万里先生去梁启超那里通知一声，但是梁启超公不表态，所以姜亮夫入清华读书的事还是悬在半空中。隔了两天清华又通知姜亮夫再考一次，于是转机出现了。这次考试考的是普通常识，这让姜亮夫捏了一把汗，因为这次考试及格才可以录取。结果姜亮夫的史地常识考得很不好，语言和哲学类的题倒是考得不赖。尽管姜亮夫普通常识的考试考得有些不理想，但是王国维先生和梁启超先生还是录取了姜亮夫。梁启超说："你这次录取只好说你运气好，因为我们正取生中有两名不来，已经到美国去了，所以拿你备取生第一名递取的。"对姜亮夫来说不管什么生身份，只要能进入清华读书就可以了，当然以备取生第一名的身份进入清华，也足以说明姜亮夫的基础之扎实，由此清华国学研究院迎来了第一位来自中国西南边陲云南省的学生。

清华的学习氛围浓厚，生活条件也不错，这就为培养大师提供了良好的大环境。清华的校风很好，很支持学生学习、做研究，图书馆有个特殊的管理，就是研究院的学生有个特殊的优惠，可以借书无限量，写下书目清单，两小时后就会有人把书送到，清单中涉及图书馆没有的，图书馆还会想方设法去买，而且学生还可以直接进入书库内看书，这对极爱好读书的姜亮夫帮助很大，姜亮夫接触的书大大增加，那时候姜亮夫常常看得入迷，耽误吃饭，被图书馆关在馆内的事时有发生。对姜亮夫来说进入清华犹如进入知识的海洋，任凭他在其中畅游。

除此之外，生活上也没有什么后顾之忧，当时的清华研究生是两人住一间。学生食堂比较讲营养成分，六人一桌，桌上四菜一汤，每人四个馒头。姜亮夫说自己那时的食量很大（四个馒头加三小碗饭），这样可吃"安心饭"。入学的时候清华还会为学生安排体检，检查得很是仔细，连姜亮夫当时得了痔疮都查了出来，医生就对姜亮夫说不能伏案时间过长，游泳对全身健康很好，因此学校批准姜亮夫可以到体育馆游泳，这让姜亮夫感到当时的清华对学生身体健康很重视。凡此种种，使得姜亮夫可以在清华如饥似渴地吸收知识地营养，从而促使姜亮夫完成在学术上的第二变，当然这与这里的名师云集是分不开的。这就不得不提一下当年名噪一时的清华国学院了，1925年在研究院开始筹备的时候，国学研究院主任吴宓就出面聘请了王国维、梁启超、陈寅恪、李济、赵元任等为教授，这就是名动天下的“五星聚奎”。梁启超、王国维、陈寅恪、赵元任、李济等名师都有开课。姜亮夫在清华的第一节课是听王国维先生讲的。王国维先生主讲《说文》，用的材料有很多是甲骨文、金文，用三体石经和隶书做比较，这样就使得对汉字的研究细密了，同时还

清华研究院 1926 年时的学生宿舍静斋外景

能了解到许多相关的书籍。王国维先生做学问最大的特点是：要研究一个问题时，首先是对相关的材料进行“竭泽而渔”式的收集，才下第一步的结论，再把结论和相关的问题打通看一下，期间经过若干次的综合、比较，才下定论。这个方法对姜亮夫来说是很受用的。王国维先生做研究还有个特点，就是在研究一种学问的时候，常常先编有关的工具书。王先生的这个研究法对姜亮夫极有启示和帮助，姜亮夫将先编工具书的研究法成功运用到《楚辞》的研究和敦煌学的研究上，后来这个方法也就成为姜亮夫一生治学的方法。后来姜亮夫在很多方面都发扬了师说，传承老师的学术，在多个学科领域里，踵事增华王先生的学术思想。

在第一次课之后王国维先生就找姜亮夫谈话，王国维先生先是指出姜亮夫的音韵、训诂不错，文字方面还不够，并说需要自己选定课题。姜亮夫将自己选的三个题目给王先生看，其中两个姜亮夫回答得令王国维先生不满意，于是王先生在沉默了片刻之后说让姜亮夫做三个题目中的《诗骚联绵字考》，还把他自己在这方面的研究提纲给姜亮夫看。有了王国维先生的指导，也有了明确的研究方向，所以姜亮夫开始攀登学术的高峰。

姜亮夫与王国维先生师生二人相处的时间并不长，姜亮夫是在1926年9月进入清华入王国维先生门下的，而王国维先生于1927年5月蹈颐和园的昆明湖而死。二人相处的时间还不及一年，甚为可惜，同时这也改变了姜亮夫

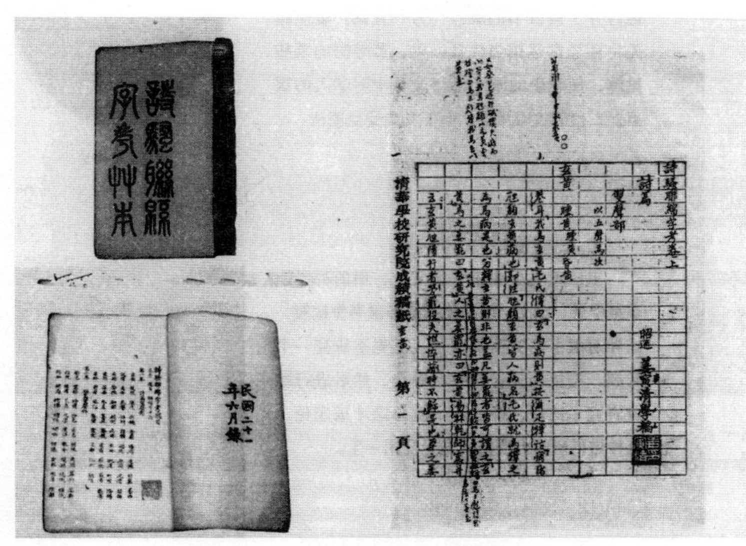

姜亮夫清华国学院的毕业论文《诗骚联绵字考》

的发展轨迹。王国维先生离世之后，梁启超先生去了天津，使得大家都茫然无所从，姜亮夫就在此时应清华同学黄淬伯的邀请南下，开始了他的颠沛流离的生活，直到20世纪50年代才稳定下来。在他们这么短暂的相处时间里，却有使姜亮夫终生难忘的一件事，苏联盲诗人爱罗先珂到北京，在云南会馆邀请爱罗先珂为要出版的刊物画一张封面，要姜亮夫为画填一首词。于是姜亮夫请王国维先生帮忙看一看，晚上七点半到王先生家，王先生一直改了两个小时，九点多姜亮夫要离开时，王国维先生要家人点灯笼跟他一起送姜亮夫到大礼堂前的流水桥，直到姜亮夫过了桥之后王先生才回去，王先生对姜亮夫说："你的眼睛太坏，过了小桥，路便好走了。"这使姜亮夫感动得几乎落泪，也使他一生都难以忘怀老师的关心。与王国维先生相关的还有一事，令姜亮夫在多年后回忆起来仍记忆犹新。在王国维先生离世后的告别会上，姜亮夫和二十几位同学都是行三鞠躬礼，但陈寅恪先生却行三跪九叩大礼，情义的深浅就在这一举一动之间。这些看似不起眼的事却能成为姜亮夫一辈子不能忘记的事情，足以看出姜亮夫是一位情感炽烈的人。

姜亮夫对陈寅恪先生极为尊敬，陈寅恪先生的学问广博、深邃，姜亮夫觉得自己一辈子都摸不着他的底。陈先生不仅懂中国的东西，还懂外国的东西，而且陈先生还掌握了十二国的语言，陈先生讲的许多东西都是姜亮夫听都没听过的，因此姜亮夫不敢对他有一个字的异议。陈寅恪先生做学问的特点是：每一种研究都有思想做指导，学什么需要结合若干篇文章后才能领悟到某一类问题的思想。陈先生善于比较研究，比较研究的规模也很大，所以听陈先生的课迫使姜亮夫记了很多笔记。上陈先生的课让姜亮夫感到非常苦恼，因为陈先生常常引用印度文、巴利文等很多奇奇怪怪的文字，也有法文、英文的文字，姜亮夫对这些都没有了解，简直像在听天书。陈先生的身体比较弱，但那时他还是坚持每周进城跟人学两天的西夏文、蒙古文，进入清华后就跟随尹凰阁学习满文。这样一位大学者，治学如此之勤，使得姜亮夫感到汗颜。其实当后来的姜亮夫也取得和陈先生差不多的成就的时候也还是在不停地学习新知识，这或许有些陈先生影响的缘故吧。姜亮夫从陈先生身上也学到不少的治学方法，陈先生以十二种语言繁变字证《金刚经》正确与否。姜亮夫对陈先生有两件终生不能忘怀的事：一件事是姜亮夫曾写过一篇批评容庚先生的文章，登在《燕京学报》上，容庚先生把文章拿给陈寅恪先生看，过后陈先生对姜亮夫说："你花这么大的精力批评别人，为什么不把精力集中在建立自己的研究工作上！"这对姜亮夫的震动很大，从此以后姜亮夫就不大愿意写批评文章，越到后来越不做这样的事。另外一件事是陈先生曾说："做学问的工具愈多愈好，但一定要掌握一个原则，这工具和主要研究工作要有联系的，不能联系的不要做。"因此，在学英语之外，陈先生劝姜亮夫学习日语、法语。当时姜亮夫在学习外语上也下了不少功夫，所以后来他可以去法国、英国，在欧洲游历，与有语言基础是分不开的。陈先生的记忆力也很好，1932年姜亮夫撰写《东西方民族对"卍"的研究》，文成之后，陈先生将这篇文章送某学报，但久不见报。八年后，姜亮夫去机场送陈先生去伦敦的时候，陈先生还问及此事，姜亮夫只是苦笑不敢答，可见陈先生的记忆力至好和对学生的关心。

记忆力超强的还有梁启超先生。梁启超先生主讲"古书的真伪和辨真伪方法"。梁先生从多方面多角度对先秦古籍进行全面系统的总结，并从校勘、考证、训诂以及学术来系统分析书的真伪及其年代。梁先生经常在总结某一个问题时拿几种古书来做比较，因此姜亮夫对古书的全貌有了大致的了解，也知道了整理古籍的方法。从梁启超先生这里姜亮夫学到了读古书的方法，打开了读古书的眼界。梁先生还有个特点是：经常运用当时日、美、英关于某些问题的见解，姜亮夫从中受益良多，这使得他懂得眼光不能仅放在中国学者的观点上，而且还要接触外国的东西，这就是广开姜亮夫学术道路上的第一阶段。梁先生曾经对姜亮夫说："亮夫，为学当有益于世，非徒润身耳！"姜亮夫说："当遵师教，以此自勉。"后来姜亮夫从事敦煌研究就是履行自己"遵师教"的诺言。

赵元任先生主讲声韵学，姜亮夫在成都高师的时候学过声韵学，但是成都高师讲的声韵学是声韵考古学，而赵先生讲的是描写语言，把印度、欧罗巴语系的发音方法运用到汉语的声韵学中。由于受到这两种音韵学的教育，所以姜亮夫就把这两种方法进行对比，得到了很大的启发。赵先生讲授的内容使姜亮夫知道研究语言学可以分为语言考古学和描写语言学两大类，这两大类是互相联系、互相依存的，这是得赵先生之力，成为姜亮夫一生学问基础的关键。后来姜亮夫于1930年写成的第一部声韵学编著《中国声韵学》，就是得力于赵先生教育的一个很好的证明。

姜亮夫从这四位先生身上学到的做学问的方法很多，扩大了姜亮夫的研究范围，增加了研究的深度。这么多的新思想、新学问像潮水般一下涌向姜亮夫，所以当时的姜亮夫自己说："对我来说，对于新的东西是个'半吊子'，用新学说解决旧问题，我知道有好处，而不能完全把旧东西中的问题都得到解决，这是我得老老实实承认的，我只不过以旧的为基础，略知一点新东西的'半吊子'而已！"

除了王国维、陈寅恪、梁启超、赵元任四位先生任课外，还有李济先生也为姜亮夫他们授课。李济先生讲的是"考古学"，姜亮夫不喜欢这门课，直到后来姜亮夫才发现不爱听李济先生的课是个大错误，姜亮夫于1935年入巴黎大学博士院学习考古学，就是要极力弥补这个时期的损失。

学生的成才固然有着多种因素，比如个人的天赋与勤奋等，但学校的办学方针与老师的教育是一个重要的外部因素。清华大学成立后，倘若当年清华不是实行国学研究院主任吴宓制定的那个"博雅之士"的方针，恐怕对青年姜亮夫的迅速成才就不会那么有利。

姜亮夫在清华国学院的学习只有一年，清华研究院的教与学，在德、智、体方面都兼顾，在这里先生的一举一动，也无时无刻地感染着姜亮夫，在这样的环境下姜亮夫积累了很好的学术修养，在清华的学习也就成为姜亮夫学术生涯中举足轻重的阶段。清华园的学习生活的确对姜亮夫的治学生涯产生了难以估量的影响。他曾动情地说："我的学问根基是清华给的。我真想再一次到清华大礼堂前的台阶上坐一坐呵。"多年后姜亮夫回忆起清华的

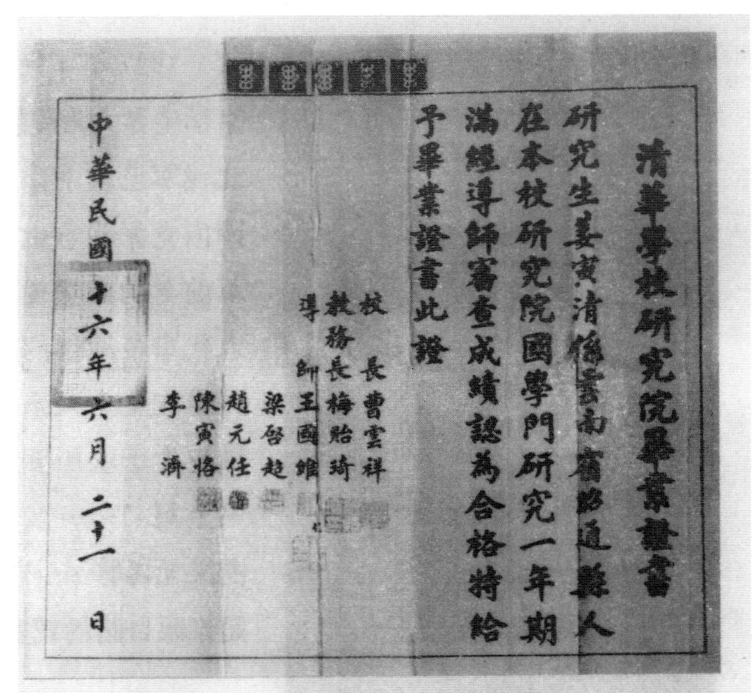

清華學校研究院畢業證書

研究生姜寅清係雲南省昭通縣人在本校研究院國學門研究一年期滿經導師審查成績認為合格特給予畢業證書此證

校　長　曹雲祥
教務長　梅貽琦
導　師　王國維
　　　　梁啓超
　　　　趙元任
　　　　陳寅恪
　　　　李　濟

中華民國十六年六月二十一日

姜亮夫的“清华学校研究院毕业证书”

时候还说：“清华园的先生们确是我国名副其实的国学大师，他们不仅给学生以广博的知识、高深的学问，而且教会学生做学问的方法，根据不同学生的特点指明研究的方向，最后让你自己独立研究。这种教书育人的方法使我终生难忘。”

第三章 “学富五车，书通二酉”

“国学大师”是在国学研究中其学问属于出类拔萃者，凡能称之为“国学大师”的人其学问是广博而又造诣很深的。姜亮夫的研究涉及了楚辞学、敦煌学、语言学、文字学、音韵学、文学、历史学、文献学、书法、绘画等。走进这位大师的学术世界，聆听他的教诲。

姜亮夫从小就从中国传统典籍的《三字经》、《千字文》、“四书”、“十三经”开始读起，直到姜亮夫去世，在这近九十年的时间里，姜亮夫一直对中国传统的文化保持着浓厚的兴趣并作为终身的学术研究对象。姜亮夫的学术研究大致可以总括为：治学基石，在于资料与工具书；治学中心，在于语言与历史；治学方法，在于综合与贯通；治学态度，在于耐劳与求实。姜亮夫作为一个几乎与20世纪相始终的世纪学人，他的学术研究几乎是一部20世纪中国学术史。

学术溯源

每种思想、每种学术都有历史继承性，每一位学者都是在前辈、同辈的影响下进行学术研究的。姜亮夫也不例外，从姜亮夫所做的研究内容和学术成果就可以看到他学术来源的痕迹。

姜亮夫的学术基础是中国传统的文化教育，其思想体系最早是受家庭的影响。姜亮夫从小就在父亲的指导下诵读《论语》等“四书”，姜亮夫受《论语》的思想影响很深，后来姜亮夫还常常用《论语》的话来教育他人。姜父还是一位具有维新思想的爱国人物，曾领导昭通的光复运动和动员民众募捐支援反袁部队的运动。姜亮夫从小就耳濡目染了父亲勇于为社会服务的精神，不知不觉就养成了对国家、对民族的特殊感情，这种感情无形中渗透在姜亮夫一生学术研究的方向和内容上。姜亮夫研究的古汉语、古文字、历史这些是民族文化的基础，姜亮夫写《夏殷民族考》是针对日本侵略东三省的愤恨之作，从姜亮夫所做的研究中均可以看到这种感情的痕迹。

姜亮夫小时候很爱读《红楼梦》，于是姜亮夫的父亲指导姜亮夫如何看《红楼梦》，姜亮夫在认真完成父亲布置的梳理《红楼梦》中的人物这个任务的时候，姜父说过一段话："做学问读书就是要这样认真细致，老老实实一件件事一个个人去研究，只有经过这样艰苦后，才能知道这件事物的真谛，学问才能上得去！"这就激起了姜亮夫研究中国文化的兴趣，成为姜亮夫走上研究中国文化的最原始的起因。

姜亮夫许多思想最早都是开始于家庭教育。姜亮夫的佛学思想也是来自于家庭的影响，姜亮夫的二伯父经常给他讲佛教的道理，当时的姜亮夫虽然不能完全理解这些道理，但是初步对佛教有了印象，等姜亮夫进了成都高等师范学校之后，哲学课的老师详细讲授了佛学，从这个时候开始姜亮夫自己读了许多佛学书籍。

姜亮夫的学术研究与成都高师、清华的几位老师的指导都有密不可分的关系。成都高师的林山腴、龚向农两位先生教姜亮夫从国学基础学起；清华大学的王国维先生教姜亮夫学习文字、声韵之学；梁启超先生教姜亮夫学习历史学，姜亮夫研究历史除了受梁启超先生的影响外，还与章太炎先生的指导有很大关系。受王国维先生蹈昆明湖而死的影响，姜亮夫开始将研究目光投向投汨罗江而死的屈原身上，开始写《屈原赋校注》，从此姜亮夫走上治《楚辞》、研究屈原的道路。

姜亮夫在出国之前就已经开始接受西方的文化，由于清华的一贯学风是古今贯通，中西融会。姜亮夫于20世纪30年代广读马克思、恩格斯及摩尔根、穆勒利尔、梭罗金、涂尔干等人的著作。足见姜亮夫的学术，绝非闭门造车，墨守成规者可比。后来姜亮夫到海外留学的经历更是扩大了姜亮夫的研究视野。

海外留学中所见所闻使得姜亮夫懂得在做研究的时候吸收最新的材料，运用科学的方法。到法国留学的姜亮夫看到国外研究中国文物、制度、历史的方法和我们国家大不相同。国外在做研究的时候会进行青铜器的化学成分分析、纹样分类，制作图表、图谱等，姜亮夫被这种科学的研究方法深深吸引，后来姜亮夫的学术研究中也就注意引用国外的相关资料。在欧洲的经历对姜亮夫影响最大的当属敦煌学的研究。当姜亮夫看到中国的许多国宝流落在海外，痛心疾首，毅然放弃攻读巴黎大学的考古学博士，转而从事敦煌文物的收集、整理工作，从此就与敦煌学的研究结下不解之缘。

从姜亮夫的学术思想来源就可以看出他的学问是兼采众长，自成一家。作为学贯中西的大师，姜亮夫的思想中既有中国传统文化的根基，又有西方的科学思想。姜亮夫在老师们指导的基本思想体系下，吸收了当时学术界的新观点、新资料，从而形成了一套自己的学术研究思想体系。姜亮夫的思想就是在这些家庭、社会、海外经历以及姜亮夫对人世的了解中形成的。

治学方法

姜亮夫治学方法最重要的是“根柢之学”和“博与专”。所谓“根柢之学”就是基础，姜亮夫的这个根柢是既宽又牢固又熟练的。姜亮夫的根柢之学来自于林山腴和龚向农两位先生的指导，姜亮夫在成都的几年时间里认真地读了不少像《诗经》《尚书》《荀子》《史记》《汉书》《说文》《广韵》等中国历史文化基础的书籍，这为日后的学术研究打下了坚实的基础。这也成为姜亮夫一生治学的得力之处。

“博与专”也是姜亮夫治学的一得，姜亮夫认为不博不能专。做研究时会遇到研究对象本身不能说明白之处，于是必须借助于其他学科才能透达。所以姜亮夫一生从事学术研究是把人文科学领域里，比如历史统计学、古史学、古社会学、民族学、民俗学、语言学、地理学、古器物学、古文字学、考古学、汉语语音学、哲学、逻辑学等与所研究范围相关的内容注意收集、综合、分析，同时也注意到自然科学相关资料的收集，并且宗教方面的材料也适当运用。也可以说姜亮夫的研究方法是“综合研究”，姜亮夫的研究既有材料本身的综合，又有与其它边缘学科的综合，姜亮夫的研究不仅用中国的材料，而且也注意用外国的材料。

姜亮夫是很推崇“综合研究”法的，在不同的地方多次提到，从姜亮夫著作中总能看到综合研究的影子，因此以姜亮夫的亲身实践来说明其意蕴更有说服力。通过姜亮夫五条做研究的“律令”就可看出：一、“穷源尽委，以明其所以然。”比如姜亮夫在研究光明崇拜这个问题时，从原始的光明崇拜、日光传说、十日衍论、帝王以日为名等，追溯其源头，而看出其变化。二、“自整体推断，不为割裂分解。”比如姜亮夫在研究屈原对四方的概念以及屈原情思意向的寄托这个问题时，定西方为屈原神游的向往之处、追思先德的地方，南方是屈原现实中寄托情思的地方，所以“西”“南”二字的解释，虽然没有原来的变化之义，然而屈原忠诚的原因是有其根柢所在的。三、“从比较以得真相。”比如姜亮夫写的《诗骚联绵字考》中比较《诗经》所用词组和楚辞所用词组，发现两者确实有异同、有悬殊。“侘傺”“些”“只”都是南楚的习语，《诗经》中不用。颛顼、烛龙、陆终、鬻熊等名称之间，一定有其语言的规律存在，条分缕析，而知道颛顼为南土地方神。四、“自矛盾或正反之端，综合以求其实。”比如鲧禹传说，北方以鲧为元恶、禹为至圣，而《离骚》说鲧不过“婞直”，《天问》传其有成，禹也并不是纯德，这种学说更符合历史进化论，屈原没有牵强附会，随意篡改。五、“以实证定结论，无证不断。”证者有书证、物证。然书证往往因学派、家数的不同而不确切的，应寻找物证而再确定。姜亮夫的书中关于文字训诂，凡屈原赋中必须要原始的，则从甲骨文、金文来追溯其源头。从姜亮夫的“综合研究”法的实践可以看出姜亮夫治学之严谨、细致。

姜亮夫对考古文物比较重视，他自己也曾经说，他的古史研究，注意利用“我们考古工作大发达”的有利条件，成果中也“有些文化人类学的踪影”，他甚至主张“把自然科学的许多要素尤其是材料引入人文科学，来对文史做一些具体分析”，这些都是传统史家无可比拟的。姜亮夫说，当年前往欧洲，“本意想学考古学”，“我看了巴黎的四十多个美术博物馆，伦敦的大不列颠博物馆，加深了我如何用科学方法研究古籍的想法”，他甚至曾经准备“跟着到希腊、埃及去考古发掘”。姜亮夫在古史研究中，也注意“民俗史的舞台”，重视对“由礼俗转化为民俗”以及相反“借民俗可知礼俗的根源”等社会文化现象的考察。他回顾自己学术生涯时，所谓“余一生无他业，日与故纸堆为侣”，然而“生平治学方法，亦多所变革”的总结，应当说是符合事实的。正如姜亮夫自己所说，在追求“铢两悉备，确切深透”的基础上，“为新方法（综合）、新课题而努力，是余之愿也”。

资料和工具的使用也是姜亮夫治学的一大特点和方法。姜亮夫在做研究的时候都是在详备的资料基础上进行的，对材料进行无微不至的搜集，因此就可以对所研究的问题从来龙去脉多角度地观察，从上下左右四方、正反两面进行包围。姜亮夫在做研究的时候非常注意利用相关的工具书，还自己编有多部工具书。有了工具书，这样就对所研究对象的来龙去脉、历史关系、地理沿革、人物关系都就清楚明了了。姜亮夫在研究《楚辞》和敦煌学上都运用到了这个方法，做研究前先编工具书是姜亮夫做研究的一个极好的方法。

姜亮夫曾经自己总结自己的治学方法和观点是奉行“八不主义”，即：不中不西、不古不今、不汉不唐、不心不物。具体说来是指：不中不西，是说不是中国的，也有中国的；不是西洋的，也有西洋的。不古不今，是指也不是完全古代的，也有古代的；也不是完全现代的，也有现代的。不汉不唐，是说也不完全根据汉代人注释，也不完全根据唐代人的注释。不心不物，是指既不是唯心主义者，也不是唯物主义者。

总之，姜亮夫的治学秘诀，也就是治学之道，用姜亮夫自己的话来说就是：“以人类文化学为猎场，以中国历史（社会史）为对象，用十分精力搜集资料，然后以古原始的传说，以语言学为基本武器，再以美国摩尔根《古代社会》和法国毛根《史前人类》的一些可信据的结论为裁截的基础，又时时与自然科学相协调。”这是姜亮夫做学问的秘诀。而抓住一个问题死咬着不放，是姜亮夫的用力方法。

治学精神

姜亮夫一生著作等身，功绩震古烁今，如果没有吃苦耐劳、数十年如一日的执着的治学精神，很难想象可以取得这样的成绩。

姜亮夫一直说自己是一个“钝根”的人，因此在姜亮夫的学术研究道路上，“就有一种毫不为人所难的脾气”，假如没有这个犟脾气，姜亮夫就不会钻进那么多领域做研究。后来姜亮夫回忆说“可取的只有下笨功夫这一点，许多事都是在笨中求得到一线光明、一丝成就”。姜亮夫在进入研究的天地之后就越发感到“科研的天地，真是宽大得很，同时也细致得很”，这就促使姜亮夫不知疲倦地工作，甚至在晚年双目几乎失明的情况下，姜亮夫仍然读书、写作，并且还从事教育工作。

姜亮夫一辈子所做的研究都是实事求是的，他说：“我一辈子不做欺骗人的事情，一辈子读书都是规规矩矩，老老实实，从头做起，不敢偷懒的。”姜亮夫对待学问极其严谨，这也是他取得巨大学术成就的关键。曾有这么一件事可以窥见姜亮夫这种精神所在：他在汉史研究中有一篇早期文稿《曹子建与洛神赋》，晚年姜亮夫曾回忆黄侃先生的教诲，他写道：“残存一篇《曹子建与洛神赋》，金先生说‘思路奇古，未必服人之心’，不知何人说与季刚黄先生知道，他见我时说：‘你学胡适格式，他以类书为文，你连类书都未翻过。……’这是我一生受严师最大的一次教诲，从此以后，不依靠类书，也知道了类书对做学问的限度。不知为何，近年来一位河南大学的同学把原稿送还我，我第一次重见此文，近来想想‘严师为难’，决定连这稿也烧掉，以求心之所安。”学术大师面对传统治学“格式”和“严师教诲”毅然焚稿以求心安，这可以看作学术史的珍闻。作为后生学子，读来不能不深为感动。姜亮夫的这种求真务实、勤奋的精神使得他的学术博大通彻，著述逾千万言，学界鲜有人能望其项背。尽管姜亮夫有如此大的成绩，但是姜亮夫一生跌宕起伏，屡遭国难，历尽沧桑，不仅许多心血凝结的著作毁于世乱，而且身心也受到了极大的摧残。这就更可以体现出姜亮夫治学精神的宝贵之处，取得成就的伟大之所在。

姜亮夫在欧洲抄录敦煌经卷的时候，同时把所得到的千余件青铜器、石刻、古书画的摄影记录等写成一篇《欧洲访古录》，并把这本书寄往《国闻周报》。但是，姜亮夫当时并不知道国内情况恶劣，《大公报》已经南移，所以稿子寄往天津之后没有了踪影，这极为重要的资料又没有底稿可重录，所以甚为可惜。抗战期间，姜亮夫从西安寄往成都的邮包，途经汉口宜昌以西时被炸，像《敦煌志》这样重要的著作也在邮包之内，于是姜亮夫的稿件又遭到了一次浩劫。抗战期间姜亮夫不停地转移以致大量的稿件散佚，可谓姜亮夫书稿的更大浩劫。在这个生活没有保障，生命受到威胁，研究资料匮乏的时期，姜亮夫虽然不能完全专心于学术研究，但是姜亮夫还是完成了二十四卷的《瀛涯敦煌韵辑》，校补了《陆机年谱》，修订、编次了《昭通方言考》，撰写成《张华年谱》《护国军纪实》以及多篇论文，等等。

姜亮夫遭受的最大灾难莫过于十年“文革”，在这期间不仅姜亮夫的书稿又遭到了一次大浩劫，损失惨重，而且身心受到很大伤害。“文革”时期姜亮夫遭到了六次大的抄家。姜亮夫夫人陶秋英的金银首饰全部损失，陶秋英填的词、作的诗整本的被拿去审查，结果都没了下文。最令姜亮夫痛心的是：遭到毁弃、糟蹋的文稿达一百多万字。姜亮夫的日记是其一生经历的真实记录，大部分也被破坏。一百八十多万字的《楚辞通故》也被破坏了，姜亮夫和章太炎先生、金松岑先生之间的具有重要学术价值的书信都被红卫兵拿走。姜亮夫回忆说：“在这个腥风血雨的日子里，每天在煎熬中挣扎。”

姜亮夫在“文革”中被贴大字报、劳动改造思想、开批斗会、示众、抄家、剥夺住房权利等这些折磨人的对待。姜亮夫那时候的身体很弱，眼睛高度近视，但是还是被抓去扫厕所、扫马路，运水泥运到吐血仍不被放过。姜亮夫由于有胃病，不能吃籼米饭，就偷偷吃点面包，结果被红卫兵发现后罚跪在食堂门口。姜亮夫还被逼着住在十几平方米的小房间里。姜亮夫把这一切都看淡了，要死也无所谓，要活也无所谓，姜亮夫说：“想到此，什么也不气，放开肚子吃饭。”姜亮夫的这种乐观主义的态度

“文革”中姜亮夫房内堆放书籍资料的一角

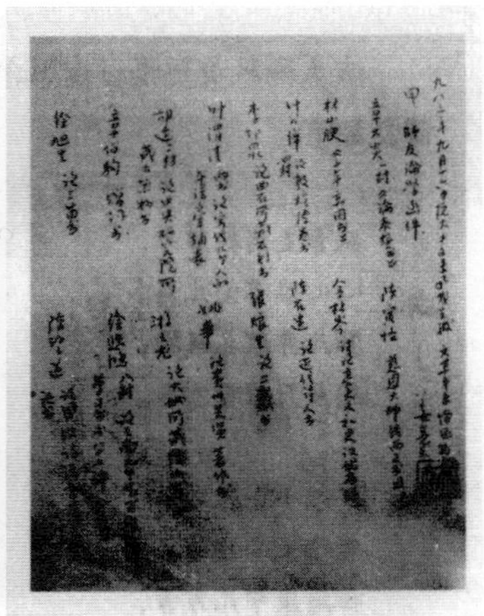

“文革”中被红卫兵拿走的信函清单

在“文革”中挽救了他，也使他得以在这样折磨人的条件下依然进行学术研究。“文革”后姜亮夫出版了《楚辞学论文集》《敦煌学论文集》《史学论文集》，并发表了一些论文。很多创作于此时期。姜亮夫回忆这一段经历时说：“我一生中最悲观的事情是‘文化大革命’，这事要毁掉几代人，我们的国家、民族受的创伤太重了。”

姜亮夫对学术研究坚定不移，无论在什么艰难的情况下，他的研究都不会停止，著述的工作也不会停顿。

姜亮夫在自传中回顾自己的学术生涯时说：“我始终对自己的工作不满意，认为成就不大。”然而姜亮夫自谦为这些“成就不大”的成就却都是影响中国传统文化研究的功绩卓著之作，姜亮夫的很多著作都在海内外广外流传。

学术成就

姜亮夫的治学大抵以小学为根基，以语言和历史为治学中心，而尤甚深于楚辞学和敦煌学。姜亮夫以其吃苦耐劳的精神，数十年如一日地读书、抄书、编书、写书，并且姜亮夫对学术研究总是深稽博考，所以姜亮夫的著述可谓是著作等身，并且广涉多门学科。

姜亮夫之所以取得这样的成就与他的勤奋是密不可分的，姜亮夫嗜书如命，姜亮夫从小时候开始看书，直到他年迈体衰卧床不起，他都是在孜孜不倦日复一日地捧着书看，哪怕是姜亮夫在晚年的时候视力极差，他戴着一副啤酒瓶底般厚的眼镜，然后以差不多是把书贴在脸上的姿势，周而复始地在书中上下移动。姜亮夫是真正的"活到老学到老"。常使晚年的姜亮夫伤怀的事是，回想起曾经拥有而已不再拥有的图书，所以有了重印的旧籍和新出的好书，他总迫不及待地想买想看。就买书而言，姜亮夫彻底是"不知老之将至"。

姜亮夫也始终重视学术视野的扩展和学术方法的更新。李学勤先生在《姜亮夫全集·序》中说："姜亮夫于30年代广读马克思、恩格斯及摩尔根、穆勒利尔、梭罗金、涂尔干等人的著作，并于1935年赴欧洲，于巴黎大学进修考古学。他与马伯乐、伯希和、戴密微、叶慈、翟理斯等英法汉学家结识，且在法京国民图书馆应王重民先生之邀，检阅敦煌卷子，多有收获，足见他的学术，绝非闭门墨守者可比。”

姜亮夫还时刻保持着与时俱进，年近九旬的时候，尽管目弱体衰，但仍然坚持每天读报听广播，尤其是国际新闻。姜亮夫的家人为了照顾姜亮夫的身体，曾打算限制来访人数，但姜亮夫拒绝这个建议。姜亮夫家中总是人来人往不断，姜亮夫喜欢听来访的人谈论各种事情，聊学术现状。因此，尽管他极少出门，却能了解学术动态。读姜亮夫的著作，会感到有新的思想观点、新的研究角度。

正因为姜亮夫学无止境的学习精神和锲而不舍的对中国传统文化的追求精神，使得他能够留下三十多部学术论著、数百篇学术论文，涉及中国文化很多方面的内容，可谓是20世纪一位卓有成就的国学大师。

一、楚辞学

战国末年产生于我国南方的“楚辞”是我国古代诗歌史上的丰碑之一，两千多年来在我国文学史上产生了巨大的影响，引起人们极大的关注。从西汉至今，历代学者不懈地进行整理和研究，取得了大量的创造性成果，逐渐形成了“楚辞学”。近代以来楚辞作品不断被翻译成英、法、俄、德、匈、日、意等多国文字，扩大了楚辞学的影响，使之体系日趋完备，内容日益丰富。姜亮夫进入楚辞学研究领域后取得了极为卓著的成就，这也成为他治学的一个重要领域。

1928年是个烽鼓不息、兵革互兴的时代，姜亮夫在无锡中学教书，因感于老师王国维先生蹈颐和园昆明湖而死，端忧不乐，于是就想到同样处在四方离乱时代，而又在历代文人中辞章彪炳、深得忠爱之情的代表人物——屈原，开始以读屈原赋为解慰。从此他走上了治楚辞、研究屈原的道路。1932年初写成的《屈原赋校注》，曾多次再版，在日本，中国香港、台湾地区都有翻印，并且指定为大学中文系必读书。这本书从文字、音韵、训诂、章句、大义、版本校勘等方面进行校对、注释。此书按语详博，时出新解，是现代最有影响的屈原赋注本之一。

关于屈原赋的整理，姜亮夫还有一本《屈原赋今释》，姜亮夫在这本书的序里说了他译屈原作品的目的，是在使读者如何先去了解屈原的本意，再回头去欣赏原作品。姜亮夫一次一次地修改这本书，"向着使人人能读，使成为大众的读物这个方向走"。

姜亮夫求学期间接受过专门的目录学的学习，各个研究成果的取得须借重于目录学、版本学的研究，以便于"辨章学术，考镜源流"。姜亮夫于1961年出版的《楚辞书目五种》就是一本关于楚辞目录学的著作。五种书目包括：楚辞书目提要、楚辞图谱提要、绍骚偶录、楚辞札记目录、楚辞论文目录，共著录书籍、图谱295种，篇章、札记条目1431题。该书是反映自刘向、王逸以来有关楚辞辑集、注译、考订、评议、辩证、图谱及绍述屈宋古辞成就的一部综合性目录学著作。此书为楚辞研究提供了极大的便利。

在对楚辞进行了校注和书目等基础研究之后，姜亮夫开始对楚辞进行综合整理和研究。北京出版社在1981年出版的《楚辞今绎讲录》就是一部通论性的著作，概括了姜亮夫五十年来从事楚辞研究的心得体会，记述的姜亮夫的治学途径、方法、方式，给今后从事楚辞研究者以很大的启示。1984年出版的《楚辞学论文集》则是收录了姜亮夫从事楚辞研究五十年来所撰的有关《楚辞》的论文，全书所收的二十五篇论文，从屈原的生平、屈原的思想、屈原的文学作品特点以及《楚辞》中的训诂、语法、文例，楚文化、楚地理、楚史等方面做了论述。其中曾发表于《中国社会科学》创刊号上的《智骞〈楚辞音〉跋》一文首次提出楚辞学史上存在郭璞学派的论断，震动了楚辞学界。二百多万字的《楚辞通故》是姜亮夫一生治楚辞学的总结性著作。成书历时四十年，全书内容涉及哲学、史学、民俗学、民族学、考古学、文化学、宗教学、古文字学、训诂学、声韵学、图谱学等。全书共八十卷，分四辑、十部、五十六类，并收录各种图谱、图表440余幅。书的第一辑天事部、舆地部、人事部；第二辑历史部、意识部、制度部；第三辑文物部、博物部、书篇部；第四辑词部。此书对《楚辞》中出现的全部词语与重要问题均分门别类地做了详尽的考释。书中除了广征博引古籍外，还使用了考古资料以及近代楚辞研究的成果。在“文革”期间曾有部分稿子散佚，后来姜亮夫又凭记忆补写并修订定稿。姜亮夫在书的自序中说：“余一生业绩，能草草结束者，此为最巨。”可见这部巨著对姜亮夫的重要性。此书实际上是一部完备的学术性的楚辞大辞典，对于研究楚辞不可或缺。郭在贻先生在《楚辞要籍述评》中曾有过评论说：“读者观此目录，即不能不惊叹其博通宏肆，谓为集大成之巨著，当非过誉矣。”后来此书还荣获全国高校首期人文社会科学研究一等奖。

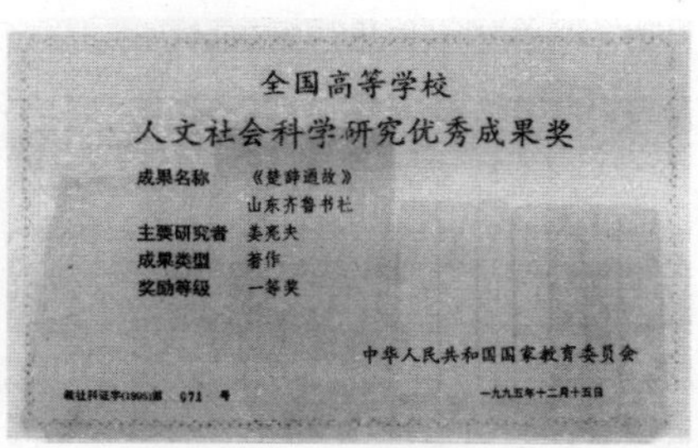
全国高等学校
人文社会科学研究优秀成果奖
成果名称 《楚辞通故》
山东齐鲁书社
主要研究者 姜亮夫
成果类型 著作
奖励等级 一等奖
中华人民共和国国家教育委员会
一九九五年十二月十五日

《楚辞通故》获全国高等学校人文社会科学研究优秀成果奖一等奖

姜亮夫的楚辞学研究著作还有《陈本礼楚辞精义留真》《二招校注》《楚方言考》等。

综观姜亮夫治楚辞学，除了以语言和历史作为研究中心以外，还有两个重要特色：一、综合研究。他从整体上把握作品内容，综合运用各类知识以求透彻地表达辞义。姜亮夫曾自己总结这些学科，包括历史统计学、古史学、古社会学、民族学、民俗学、语言学、地理学、古器物学、古文字学、汉语语音学、哲学、逻辑学，以至于浅近的自然科学，凡有助于研究的，皆在征采之列。而这些，非通人博雅，固难做到。二、用科学的方法阐发文辞意蕴和文理思致。这一科学的方法他归纳为五点：“自整体推断不为割裂分解”；“从比较得以真相”；“自矛盾或正反之端综合以求真实”；“以实证定结论无证不断”；“穷源尽委以明其所以然”。这是姜亮夫治学的鲜明风格，也是他取得累累硕果的重要原因。

姜亮夫的晚年还继续在楚辞学研究领域发挥自己的作用：1964年开始招楚辞专业研究生；1979年受教育部委托开办楚辞讲习班；1986年中国屈原学会成立，担任第一届理事会名誉会长。

二、敦煌学

清光绪二十六年农历五月二十六日（1900年6月22日），敦煌莫高窟下寺道士王圆箓在清理第16窟甬道的积沙时，无意间发现了藏经洞（即今第17窟），从中出土了公元4—11世纪的佛经、文书、刺绣、绢画和法器等文物5万多件。这一发现震动了世界，但由于清政府的腐败，其中文物文献被闻讯而来的外国“探险队”掳走许多后，剩下的才被运抵北京。那些失散国外的敦煌文物文献在被各国学者研究之后，也在英、法、俄、日、德、美等国形成了敦煌学，由此形成了一门世界性的敦煌学。敦煌学由此成为一门显学。1930年，陈寅恪先生在为陈垣所编《敦煌劫余录》一书所作的序中第一次提出了“敦煌学”一词，并且发出了“敦煌者，吾国学术之伤心史也”的慨叹。在诸多学者远赴欧洲寻访敦煌卷子的时候，姜亮夫在强烈的爱国情感支配下由语言学的研究转向敦煌学的研究。

1935年姜亮夫舍弃了中山大学的教授之聘，用靠个人教书、写书以及卖掉自己心爱的书凑足的一点钱到巴黎去攻读考古学博士学位。到了巴黎之后，姜亮夫参观了许多博物馆及专藏中国艺术品的美术馆，看到中国的许多文物流落海外，痛心疾首。此时姜亮夫恰巧遇到老友王重民先生在巴黎国民图书馆整理伯希和弄去的敦煌经卷的目录。王先生邀请姜亮夫也加入整理敦煌卷子的队伍，姜亮夫考虑到自己自费出国的情况没有立刻答应。但从小受父亲爱国思想影响的姜亮夫此时在爱国思想的支配下，又想到敦煌卷子原本就是中国的文物，国人也应该看到这些国宝，于是毅然决然地放弃攻读博士学位的计划，加入整理敦煌卷子的队伍，并选择了语言学部分和儒家经典部分。就这样姜亮夫走上了读欧洲所藏敦煌卷子的道路。

姜亮夫还到伦敦同向达先生一起抄录、摄制敦煌经卷。后来姜亮夫又到罗马、柏林、莫斯科去寻找敦煌经卷，同时还得到千余件青铜器、石刻、古书画的摄影记录。姜亮夫在欧洲抄录敦煌经卷的日子非常苦，不仅节衣缩食，而且还废寝忘食。姜亮夫在图书馆一泡就是一整天，中午时分，他只是喝点白开水，吃点干面包来充饥，在打发了午饭之后，接着就投入紧张的工作，一直到晚上博物馆关门才停止。姜亮夫回到自己的住处，一般就是用菜叶和米煮点粥，这就算是晚饭。姜亮夫为研究敦煌学也付出了巨大的健康代价，姜亮夫的眼睛近视达1500度，到晚年的时候几乎到了失明的状态。尽管如此，姜亮夫还是非常认真、谨慎，他把所整理的每个敦煌卷子都留有照片、抄本、印拓、校录四种底子，后带回国。姜亮夫从此走上了敦煌学研究之路，并将之作为毕生所从事的事业。

姜亮夫对带回国的这些书籍、文稿的爱惜甚于自己的生命。因为第二次世界大战爆发，欧洲成为主战场，流散在欧洲的文物极有毁于战火的可能，而姜亮夫带回的资料就可能成为孤本。于是在兵戈抢攘的时期，在颠沛流离的生活中，姜亮夫都会把带回的敦煌经卷资料打成背包在身边，遇到紧急情况的时候，敌机轰炸警报响起，背起背包就跑，唯恐这些资料再毁于战火中。姜亮夫的夫人因此还经常笑姜亮夫说："书稿皮包比儿子还重要。"姜亮夫为保护祖国的文物，为敦煌学研究所做的贡献功不可没。

姜亮夫的敦煌学成果可以分为三类：一类是校录，一类是研究，一类是为敦煌学而做的工具书。姜亮夫在欧洲的时候主要对敦煌经卷进行抄录、摄影，而姜亮夫真正对敦煌学的研究开始于抗战时期。姜亮夫于"七七事变"的前七天，冒险从莫斯科取道西伯利亚回到中国，当时中国北方的情况已经十分危急，于是姜亮夫在朋友的提点下南下。姜亮夫辗转到了苏州，在一个小旅馆里，开始做起从法国摹写的敦煌卷子和照片的校对工作。这与姜亮夫研究敦煌学

姜亮夫从法国带回的敦煌韵书照片放大的原件

以及后来的发展很有关系，在当时的条件下，姜亮夫做敦煌学的研究是一个实验。姜亮夫还将用从国外所带回的材料和国内已发表过的资料相对校，对校的第一个材料是刘半农先生的《敦煌掇琐》，姜亮夫发现错误很多，因此姜亮夫在校对完此书之后，下定决心开始将敦煌卷子里的韵书部分进行全面整理，这是姜亮夫敦煌学研究的第一件工作。1938年姜亮夫跟随东北大学转移到四川三台。在三台，姜亮夫花了整整三年的时间将从欧洲所得到的敦煌切韵卷子整理出来，成二十四卷本的《瀛涯敦煌韵辑》一书。这部书是我国第一部抄录和研究敦煌韵书的汇编，把敦煌文书资料的整理和汉语史音韵学研究结合起来，基本恢复了在我国已经消失了一千多年的隋代陆法言的《切韵》系统。这部书也是中国音韵学上的一个里程碑，不仅在国内引起了重视，在国外也受到一致的好评，在中国香港地区、中国台湾地区以及日本都有翻印本。后来姜亮夫又对此书不断加以订补，重又整理成《瀛涯敦煌韵书卷子考释》，于1990年出版。

姜亮夫在写作《瀛涯敦煌韵辑》的同时还写有一部《敦煌志》，由于分量太大而没有印出来，于是就把总论部分改写成通俗易懂的语言，单独出版，叫《敦煌——伟大的文化宝藏》，这本书是姜亮夫最早的敦煌学著作，也是我国第一部全面阐述敦煌学的著作。1937年9月，姜亮夫在转移到西安的东北大学任教，随着战争形势的变化，东北大学又要迁到四川，于是姜亮夫将一些书稿从西安寄往成都，其中就有《敦煌志》的书稿，邮局的船遭到日军飞机的轰炸，于是这部书就这样亡佚了，姜亮夫把留下来的零散文章汇集起来，成为《敦煌学论文集》一书。

《敦煌学论文集》是一部敦煌学综合类的专著，书中共收录有关敦煌学的论文38篇，内容涉及目录学、校勘学、音学、文艺、历史学等方面，也有作为工具书性质的文章。专门的敦煌学工具书则有《莫高窟年表》一书。《莫高窟年表》把敦煌卷子中有年代可考者按年依次编定，并且配有200多幅莫高窟的重要图片，是敦煌学研究的综合性工具书。这本书还荣获了浙江省社会科学优秀成果一等奖。

姜亮夫对敦煌学研究的追求可谓达到了研几探赜的地步，姜亮夫发现王仁昫那一卷，有一个地方有一点胭脂，姜亮夫感到奇怪，姜亮夫看过6000多卷卷子，没有发现第二个有胭脂的卷子，于是姜亮夫就开始注意了，并且研究了唐代读书人的风气、唐代妇女的风俗习惯、唐代考试制度等，后来写成一篇论文叫《吴彩鸾书切韵事辩》。这件事就可以说明，每研究一样东西一定会牵涉若干问题，都要进行细致入微的研究。

另外，姜亮夫还著有《敦煌碎金》一书。此书主要收录了姜亮夫对于用敦煌文献资料保存的历史、艺术、宗教的研究以及对敦煌研究的心得体会、经验、方法，以及敦煌研究值得保存和研究的资料。全书分为“卷子补佚”“翻译高僧”“寺塔名称”“正俗字谱”四部分。目的是为了使后人在整理敦煌卷子时不出差错，少走弯路，为解决具体问题提供线索与方法。

姜亮夫在撰写了大量的敦煌学研究著作之外，还给后继研究者留下了宝贵的治敦煌学的经验。他说研究敦煌学要注意字体问题、用纸问题、款式问题、卷中的附图问题、历法问题，这些都是经过姜亮夫做敦煌学研究时实践检验出来的经验。姜亮夫自己也说过：“这条路我曾走过一段，所以，我可以告诉大家：这条路怎样走，怎样爬山、涉水。”

姜亮夫的全部敦煌学专著书影

姜亮夫不仅自己为敦煌学研究做出了贡献，而且还为敦煌学研究培养后继研究者。1983年姜亮夫受教育部委托办敦煌学讲习班，姜亮夫因此成为第一位在高校开办敦煌学讲习班的大师。后来根据姜亮夫的讲课录音整理成《敦煌学概论》一书，这本书是我国第一本讲述敦煌学的简明教材。

姜亮夫的敦煌学的著作还有《瀛涯敦煌经籍校录四卷》《敦煌随笔》等。

姜亮夫到了晚年依然还在为敦煌学事业做出自己的

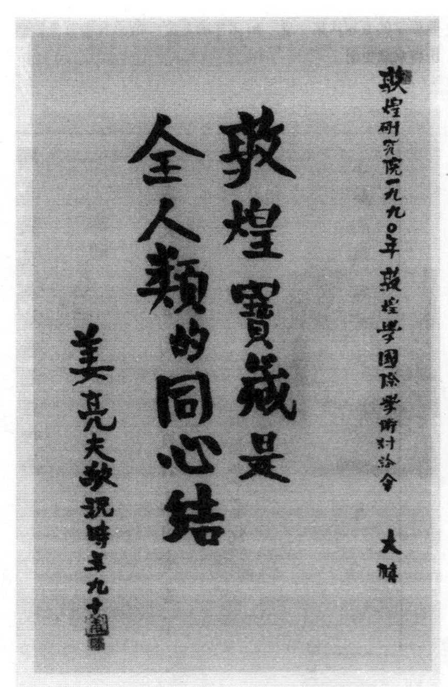

姜亮夫书写的“敦煌宝藏是全人类的同心结”字幅剪影

力所能及的贡献。1984年中国敦煌吐鲁番学会语言文学分会成立，姜亮夫担任会长。1990年敦煌学国际学术讨论会在敦煌召开，姜亮夫因已入耄耋之年，未能成行，但是他仍然关注此次大会，并向大会赠书一字幅“敦煌宝藏是全人类的同心结”以表心意。

姜亮夫看到敦煌学研究的辉煌成果和强大的研究队伍的时候，回忆起自己所从事的敦煌学研究的事业说：“深深感到我所选择的道路没有走错，这也是我生平治学至今极为欣慰的一件事。”

三、语言学

语言学是姜亮夫的治学中心之一。姜亮夫的治学是以“小学”为根基的：姜亮夫从小就具有良好的音韵学、文字学修养，因此姜亮夫语言学研究的主要方面是音韵学、文字学。当年姜亮夫就是以《诗骚联绵字考》毕业于清华的国学研究院。《诗骚联绵字考》共四册，分双声、叠韵、重文、杂篇四部，共考释了《诗经》《离骚》中的联绵字800多个。这篇论文“第一次展示了他在传统学识，尤其是语言、文学、历史、经学等方面的深厚功底及对中国传统学术研究的思维、方法的正确理解与定位”，至今的影响仍极为深广，1927年以后多有修订。“文革”后失去一册，今存三册，原稿还有王国维批语。1932年撷选其中四分之一在昭通石印出版。

姜亮夫在文字学上的成就除了研究生毕业论文外，还有20世纪30年代时姜亮夫讲授古文字学所撰写的讲义，即《文字朴识》一书。此书结合了王国维先生的古文字研究与章太炎先生的声韵学研究成果。姜亮夫在书中讨源纳流，考察了文字的孳乳演变的轨迹。

姜亮夫曾在报刊上发表一组研究中国文字学的论文，题为《中国文字学研究法》，共包括《中国文字的组织》《中国文字的源流》《中国文字的特色及其在学术上的地位》《研究中国语言文字的方法和参考书》四篇。专门讨论了中国文字的起源。

1955年教育部委托姜亮夫编写大学用古汉语教材。姜亮夫共写了声韵、文字、语法、词汇、修辞五个部分，但是1958年教改，古汉语课时大大减少，这本教材就不适用新的古汉语课，因此这本教材没有出版，只是在姜亮夫给研究生上课时用过两次。教材中的文字部分单独出版为《古文字学》，主要结合古代文化史实讨论了汉字的产生及其形体的变化。姜亮夫不同意八卦为文字之始的传统说法，并指出在汉字的发展过程中，小篆是枢纽，隶书及以后的各种字体都是在小篆的基础上发展、变化来的。姜亮夫也不完全同意许慎的“六书说”，并从字形与事物的关系上，提出象形、象事、假借、转注、会意、形声的说法。姜亮夫还提出汉字的人本精神。这些都是姜亮夫的独特观点，也是书中的精华部分。

姜亮夫的文字学研究一方面继承了章太炎先生《文始》一书的传统，同时吸取了王国维先生考释甲骨文的方法。姜亮夫还认为研究文字除了从文字本身着手外，还需要具备像民族学、人类学、考古学、文献学、社会学、神话学、古器物学、中外古代史等各个方面的知识。姜亮夫的很多文章就是综合运用这些知识的成果，当然音韵学方面的研究也不例外。

1933年出版的《中国声韵学》，是姜亮夫原来在大夏大学、复旦大学讲授音韵学的讲义，是我国早期比较全面地讨论传统音韵学的概论性著作。此书的主要目的是使读者了解汉语声、韵的组成以及流变面貌。书中对历代有关学者研究汉语声韵的主要成就做了比较详细的说明，对于了解前人的研究成果是很有帮助的。

姜亮夫在1934年发表在《河南大学学报》的《声考声数转纽表》，是姜亮夫古声研究的部分成果。该文以小篆字形为主，根据字形偏旁和《春秋》三传、《诗》四家、汉代以前有关著作的异文以及声音和意义的联系，用列表统计的方法，对古代声母及其变化做了条贯整理。

姜亮夫在音韵学上的一个重要贡献，就是将流失在海外的敦煌卷子中的有关音韵材料整理成《瀛涯敦煌韵辑》一书，关于这本书已在敦煌学部分做了介绍，兹不赘述。

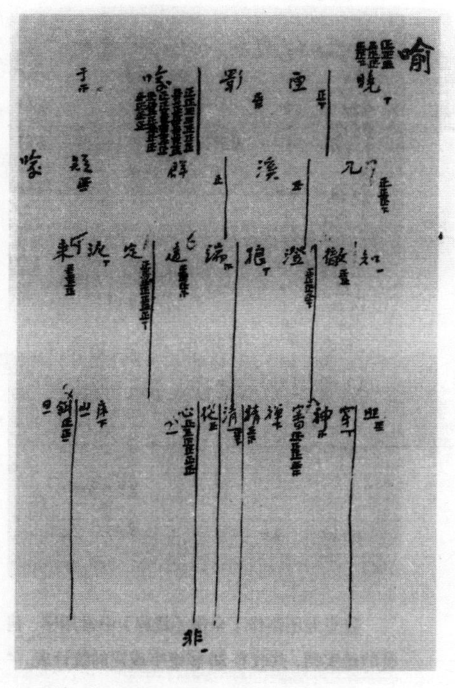

姜亮夫所做的《古声考》原始统计表

姜亮夫的语言学著作还有《甲骨吉金篆籀文字统编》《昭通方言疏证》《汉字结构及其变迁》《汉语学论文集》《王静安先生所录伦敦巴黎藏唐写切韵校记》《文始表解》《古声考》等，其中有很多只是姜亮夫的稿本，有的只是抄正了但没出版。

四、历史学

历史学是姜亮夫创立学术功业的长期实践的一个“中心”。姜亮夫自己在《古史学论文集序》中说：“我一生治学至杂，但也有个不太明显的中心——古史，往往被楚辞、汉语、文学等冲淡，而史学的问题自‘五四’以后，非常庞杂，学说纷起，新材料也时时发现，我在这潮流中，追逐不已，为许多科学性强的学说所震撼。”于是，“下决心走朴学道路，与史学正式接触。曾发愿注《后汉书》，但王先生昆明湖之痛第一想到屈原，所以二十八岁写成《屈原赋校注》，从此对古史接触多了，于是才扩大为古史学的研究”。姜亮夫还说，“总的说来，治史是我的治学目的”，“志趣所在，主于古史与近世史”。

姜亮夫认为历史是国学的根基之一。1934年，姜亮夫受河南大学中文系教授之聘，从这时开始历史学的研究。他想仿照裴松之《三国志注》之体例，为《宋史》作注，大量阅读唐、宋、五代人文集，录下名人生卒，后来又通考唐以前、宋以后名人，写成于1937年出版的《历代名人年里碑传综表》。全书共收录自春秋末期至1919年以前去世的历代人物12000余名，以表格形式，按历史顺序列出诸人物的姓名、字号、籍贯、岁数、生卒年及所据材料的出

姜亮夫《历代名人生卒年表序例》手迹

处，是查考我国历史人物的生卒年、籍贯及碑传情况的重要工具书。

姜亮夫运用摩尔根的《古代社会》、恩格斯的《家庭、私有制和国家起源》等文化人类学理论，研究中国上古氏族历史，写出《夏殷民族考》，此书在1965年摘录其中的部分载入《治史论文集》中，基本观点是夏、殷为中土东、西两民族，后山东大汶口文化的考古发现足以证明殷民族的大概，在学界产生广泛影响，其中的许多结论至今仍为学界所引用。

《古史学论文集》收入历史方面的代表性论文。论文采用文化人类学和传统考据学方法研究中国历史，创获极多。曾有评论说："以《古史学论文集》为代表的史学系列论著，展示出姜亮夫在恩格斯的《家庭、私有制和国家的起源》科学理论的指导下，重写'中国古代社会史'的雄心壮志。"

姜亮夫的史学研究不是孤零零的，而是有所交叉的，有语言学和历史学的交叉，还有敦煌学和历史学的交叉，以及楚辞学和历史学的交叉。20世纪50年代以后姜亮夫的精力主要在楚辞学和敦煌学，无暇顾及历史学，但是在楚辞学和敦煌学的研究中仍可见历史学的影子，敦煌学和历史学的交叉以及楚辞学和历史学的交叉是比较多的。比如《读书朴识》一书中，关于《史记》《汉书》的摘记为多，但主要是语言文字考证为主。姜亮夫自己曾经说："秦代史中，我只写过一小本《石鼓文小考》及一篇

《诅楚文考》，《诅楚》已入《楚辞学论文集》一书之中，《石鼓文小考》后来散入《读书朴识》中去了。”《楚辞学论文集》中的《莫高窟年表》和《敦煌学论文集》中的《罗振玉补〈唐书·张义潮传〉订补》《瓜沙曹氏年表补正》《瓜沙曹氏世谱》等等，这些都是姜亮夫综合研究的结果。

姜亮夫在上海各大学教考古学时，编了讲义《考古学通论》，是由王庸（以中）、张凤（天放）及姜亮夫合编的，可惜的是现在仅存一册。

姜亮夫曾为了纪念老师廖季平、章太炎、梁启超、王国维四位先生，写《四先生合谱》，章太炎和王国维部分已经完稿，梁启超和廖季平已经编年。新中国成立初毁坏，现仅存章太炎部分读书笔记和王国维、廖季平的著作目录。在《〈成均楼论丛〉序录》中存有《四先生合谱》的前言。

姜亮夫的历史学著作还有《陆平原年谱》《张华年谱》《护国军志》《靖国军志》《尚书新证》《近百年学术年表》《宋元学人疑年》《汉书札记》《历代年谱考》《历代碑传集总目》《古史资料疑年录》《护国军文征》等等，其中有些文章毁于战乱，现仅存目录。

姜亮夫自己说，史学是他创立学术功业的长期实践的一个“中心”。姜亮夫将历史作为其他研究的基础以至宏大，足以看出历史学是姜亮夫治学中心的重要性。

五、杂类

姜亮夫的学术视野极为宏远，研究范围极为广阔，李学勤先生就有“宽无涯涘”的评价。大家往往习惯于用楚辞学、敦煌学、语言学、历史学四大类来概括姜亮夫一生所从事的研究，但是姜亮夫的研究领域不只是有这些领域，对其他的很多方面都有所涉猎。杂类主要包括文学、艺术学、社会学、政治学、民俗学等。

《文学概论讲述》是姜亮夫1929年前后给学生讲课的讲义，后根据学生的笔记整理成书。全书共分为四个部分：第一部分是通论文学各方面的情形；第二部分分别叙说中国各种重要文学体裁；第三部分是讲文学组织成立后的衍变交流；第四部分“赏鉴论”，是前三部分的实践。原讲课内容共有四篇，一、二册仅为第一、二篇的内容，第三、四篇只有拟目而未续写，故全书内容仅至赋体介绍为止。20世纪30年代以概论形式介绍中国文学，《文学概论讲述》当为比较早期的著述。

《词选笺注》是20世纪30年代姜亮夫为清人张皋文的《词选》作的笺注，并于1934年以《词选笺注》的名称出版。姜亮夫为《词选》作注时，除了略本厉樊榭《绝妙好词笺》例外，又增加了小传、词评、题解、本事、笺注。《词选笺注》的前面有《自序》，书的后面有题为《词的原始与形成》的附论，这两篇文章是姜亮夫存世不多的有关文学的论文。

《北邨老人文辑》收有作者20世纪30年代以来多篇

有关文学的散论，及一些题跋、书函、诗词、楹联、散文等百篇。

姜亮夫还写有《欧行散记》，是他1934年乘船去欧洲时旅途的杂写，以日记形式记录了一路上的所见所闻。另外还有《欧行回忆散记》，主要是记述姜亮夫在欧洲的见闻和感受。

姜亮夫还选编过几种向中学生介绍中国文学的国语补充读本，比如《中国历代小说选》《游记选》《现代游记选》《笔记选》《戏曲选》《现代散文选》《散文选》等等。其中在《散文选》里姜亮夫写了一篇名为《〈散文选〉论略》的文章，对中国历代散文以及清代散文进行了概述。

在艺术上，姜亮夫不仅自己会书法和绘画，而且也曾为一些画卷作过题跋。姜亮夫为徐悲鸿先生收藏的八十七神仙卷跋而作《李龙眠卷》，此跋姜亮夫辑录了宋、元、明、清各家论李画（下及诗文书法）及各书画所载李氏诸图。

宗教学方面姜亮夫也有涉猎。姜亮夫小时候，二伯父经常给他讲佛教的道理，后来姜亮夫进了成都高等师范学校之后，哲学课的老师详细讲授了佛学，从这个时候开始他自己读了许多佛学书籍。在姜亮夫治楚辞学的总结性著作《楚辞通故》中就涉及宗教学。1991年杭州灵隐寺新建“药师殿”，灵隐寺住持请姜亮夫为石柱写一副楹联，姜亮夫虽然精于佛教典籍，但他还是反复诵读了六遍

《药师经》，再参阅其他佛教典籍之后，才成文：“药师如来大愿发十二教循尊礼苦行修善果，琉璃世界尊经诵卌九虔诚念拜誓求得再生。”姜亮夫在90岁的时候为杭州灵隐寺的五百罗汉石刻碑写了一篇名为《五百罗汉碑记》的碑记。姜亮夫发现当今出土文物的记载与传统志书记载不同，姜亮夫最终根据出土文物的材料，认为广西宜山发现的五百罗汉名号碑，依照年代而论，则早于江阴的罗汉碑30余年，因此罗汉是自南而传入中国。姜亮夫在《五百罗汉碑记》一文的最后写道：“吾人日常烦苦之时，一闻常鸣钟磬之声，即心意悠然渐知。吾人不能无心灵，斯不能无宗教！此思维逻辑之必然也。”

姜亮夫从小就具有的爱国思想，使得他很关心时

姜亮夫书写“药师殿”楹联时的情景

姜亮夫与写毕的“药师殿”楹联合影

政，并且写有不少有关政治的文章。在抗战时期，由于当时政局混乱、兵戈扰攘，姜亮夫撰写了不少有关当时的政治、社会、经济等问题的评论文章，发表于昆明、重庆等地的报纸，后集为《挥戈集》，但是稿子后来散佚了，姜亮夫在发表文章的时候用笔名，所以很难再查考了。

姜亮夫也有一些翻译的作品，像《译注法人莫尔干史前人类》，但稿子佚失。姜亮夫在伦敦抄录敦煌经卷的时候，英人詹尔斯送给姜亮夫他自己写的关于敦煌卷子中有名字可考的材料，姜亮夫将这些文章翻译出来，附在《莫高窟年表》后面，但是在出版的时候被出版社全部删掉，甚为可惜。

姜亮夫的杂类著作还有《商旧录》《欧洲放古录》《诗经别录》《词调溯源》《漱玉词注》等等。

“姜亮夫的成就，来自他的勤奋，而这种勤奋，又来自他的爱国心和文化自觉。”姜亮夫认为，中国文化曾经对人类担负过重要责任，将来还要担负更重要的责任，要完成这个任务，就必须研究、光大中国文化。姜亮夫的文化责任感使得他对无立场、无原则、无操守的“学术浪人”和“文痞”深恶痛绝。于是在1942年，姜亮夫有感于当时学术界存在的不健康乃至丑陋现象，就写下了《学术四箴》一文，提出要“戒标榜、戒毁谤、戒圆滑、戒妄冀”，这对学术研究而言具有规范性意义。他在文中说：“我们要能戒绝这四凶，我们的学术文化，才能走到真的路子上去。若其不然，人才还是一些奴才，学术

还是一套欺骗。”他的话不仅利于从事学术研究者端正治学态度，又对净化学术风气具有重要的意义。这应该成为从事学术研究者的基本信条。

姜亮夫在学术研究领域孜孜矻矻了70多个春秋，各个方面的学术研究硕果累累、功绩卓著，不仅为我们留下了逾千万言的著述，还为我们留下了宝贵的治学思想、治学信条。姜亮夫的学术成就历来为学术界所瞩目，被尊为一代学术宗师。

第四章　“随风潜入夜，润物细无声”

“学高为师，身正为范”，姜亮夫不仅学问高，而且还是一位教育家。他曾教过中学以及大学，也曾参与筹办学校。他的一生大部分时间都与学校打交道，与教育事业相伴终生。他培养了大量的人才，很多都成为现在的中坚，他的教学经历、教学理念等都值得我们学习。

姜亮夫既是一代学术巨擘，又是卓有成就的教育家，杏坛耕耘60多个春秋，桃李满天下，培养出了大量的人才。

姜亮夫从清华毕业开始教书起直到去世之前，都活跃在学术与教育的园地里。姜亮夫一生的职业是教书，所以姜亮夫对青年是热爱的，姜亮夫说："为了青年，再大的苦我都吃得，这也是我的脾气。"姜亮夫不仅上过讲台、编写过教材，还担任过校长、教育厅长，参与过筹建大学的工作。姜亮夫任教过的学校从南到北、从东到西，教育的人群从在校生到培训生，教育的阶段从中学生到博士生。姜亮夫的这些经历使得他熟悉教育教学每个环节，因此姜亮夫也是一位名副其实的教育家。

教育理念

姜亮夫的教育理念和他自己的学术研究方法是分不开的。姜亮夫对学生的教育就是他自己做研究的心得体会和经验。

姜亮夫特别重视基础之学，姜亮夫在成都高师读书的时候，林山腴先生和龚向农先生就教导姜亮夫从基础入手，因而姜亮夫将从中获益颇多的方法教给学生。杭州大学古籍研究所招第一届硕士研究生的时候，姜亮夫亲自制订了培养方案，这个方案就体现出了"根柢之学"。

古籍所的第一届研究生傅杰先生说，姜亮夫既要求学生们由博返约，打下宽广的基础，又要求“通过读具体的书，来改革务虚的做法”。姜亮夫又选定12种堪称中国文化源头的典籍，根据篇幅分为六大六小：前者是《诗经》《尚书》《左传》《荀子》《庄子》《韩非子》；后者是《周易》《老子》《论语》《礼记·曲礼》《礼记·大学》《屈原赋》，责令学生们自选一大一小，精读细读，切实掌握，并以此为范围，来做专题研究。他并为这12种书分别写了言简意赅的很带他个人色彩的研修指导。姜亮夫还要求学生们学习音韵、训诂、目录等课，阅读《广韵》《尔雅》和《四库全书总目提要》，姜亮夫说些书，你都没有读过，只能徒记所列的书名，焉能知其评价的得失？那样你就只能是浮在面上了。可见姜亮夫对基础之学的重视。

姜亮夫在做课前准备

姜亮夫除了重视基础外，也很看重学术视野。姜亮夫让古籍所的学生在选修课上要范围广泛，这样学术视野才能广泛，眼光才能放开，研究的天地才能宽大，这也是姜亮夫的切身经验。

姜亮夫很强调对资料

的使用。他常教导学生说："要建立一个学术系统，要做到无微不至，必须以掌握资料为第一事。"这也是姜亮夫能够在学术上取得丰硕成果的重要原因。

姜亮夫教学注重因材施教。对每次新招的学生，姜亮夫常常先邀至家中交谈，以便考察他们的基础以及知识面；然后根据学生的不同情况，列出教学计划。姜亮夫对学生要求很严格，不容许学生偷懒，布置作业之前都是事先计算过完成时间的。姜亮夫与学生谈话，往往在不知不觉之中，就指导学生做学问的方法、途径，使学生避免走歪路。有时与学生谈话后，姜亮夫还会要求学生将谈话内容整理在小卡片上，这样就可以了解学生有没有注意听，以及理解的程度。

姜亮夫对学生极为负责任，讲课之前必定认真备课。姜亮夫曾被聘为复性书院的校外讲座，姜亮夫去复性书院参观，在和接待他的贺昌群先生聊完天的时候，当天贺先生就要姜亮夫为书院的学生们讲课，姜亮夫当时没有一点准备，就不想贸然登上这专门学院的讲台。贺先生又提出给学生们讲些有关敦煌的学问，姜亮夫说敦煌学问面很广，并谦虚的认为自己懂的只是很少的一点，所以也没讲。姜亮夫给学生讲课，一定都是充分准备，绝不轻易上讲台，这是姜亮夫一生教书的准则。就是在姜亮夫耄耋之年举办楚辞学讲习班、敦煌学讲习班的时候，姜亮夫依然是认真准备教案，哪怕是视力很差不能写出授课提纲了，姜亮夫也会提前一天在心里罗列提纲。姜亮夫这种极其认真负责的教学态度深深感动了每一个人。

姜亮夫是一个对教育有着执着热情的人，在教育上的事情，他总是极其认真、负责。1986年姜亮夫的夫人陶秋英病逝，而姜亮夫自己也因肝囊肿，肚里积了大量的水而住院，手术后，加之之前的旧病，使得姜亮夫的身体很虚弱，但是姜亮夫仍坚决要求回家休养。因为姜亮夫念念不忘自己的敦煌学稿子还没有完成，还有两名博士生的指导工作还需要进行，姜亮夫觉得自己住在医院不能完全静下心来工作。回到家中之后姜亮夫就又投入工作中。

教学生涯

姜亮夫曾在南通、无锡中学教中学生，还在持志大学（上海外国语大学的前身）、大夏大学、中国公学大学、暨南大学、复旦大学、河南大学、东北大学、云南大学、同济大学、英士大学、昆明师范学院、杭州大学等多所大学任教。从姜亮夫毕业到去世，姜亮夫都是在从事教学工作，姜亮夫的教育生涯既是一部他的教学工作史，也是一部他的学术研究史，又是一部他的社会生活史。

一、南通中学

1927年姜亮夫从清华国学研究院毕业之后，北伐军已经定都南京。北方学生中有新思想倾向的都逃向南方，这个时候梁启超先生介绍姜亮夫到沈阳的东北大学任教。姜亮夫去了一个多月，因沈阳的气候寒冷、下雪，而姜亮夫住的房间没有取暖设备，姜亮夫承受不住，加上其他老师的房间里有取暖设备，这让姜亮夫心里很不舒服，于是姜亮夫回到北京。此时姜亮夫同时得到两个工作机会，一个是刘半农先生、黎劭熙先生介绍姜亮夫到女师大任教；另一个是姜亮夫在清华国学研究院的同学黄淬伯邀请姜亮夫到南通中学任国文教员。在此时，南京国民政府成立，北方的学生普遍认为靠南京政府有希望，因而姜亮夫也想到南方去看看，所以姜亮夫接受了南通中学任教之职。

南通中学对姜亮夫很客气，安排姜亮夫住在朝南的房间；后来南通中学聘请姜亮夫担任学校文科主任，管全校的国文和历史教学。

南通中学的十几位先生分成了两派，一派是以北大毕业生为主体，以校长为中心和江苏宜兴的同乡组合；另一派是以南京高师毕业生为主体。这两派分道扬镳，虽然没有互相争斗，但是格格不入。姜亮夫既不加入北派，也不亲近南派，但是由于姜亮夫毕业于清华大学，因此被看成是北派的人。这令姜亮夫苦恼不已，北派人常常吃喝玩乐，姜亮夫也被扯进来，姜亮夫虽只是旁观，但也浪费了不少时间，后来姜亮夫感叹道："学业荒芜达三四月之久。"

尽管南通中学教师中有些不好的行为，但是也有不少有学识的人。一位是徐意修，是南通的学者，声韵、文字的基础很深，有不少著作。姜亮夫与徐先生交谈很融洽，后来姜亮夫写《中国声韵学》还引用过徐先生的一些材料。还有一位是胡白羽，毕业于北师大，思想开朗，为人忠直，与姜亮夫的私交很深，这是姜亮夫在南通中学交好的几位值得一提的人。

姜亮夫带领的毕业班要举行毕业典礼时，南通县党部领导来学校训话，矛头直指思想进步的几位老师，说是文科该整顿了。身为文科主任的姜亮夫听了这些话之后勃然大怒，立即起身大声指着县党部领导大骂，学生们的掌声不断。散会后，姜亮夫的同学黄淬伯就说："亮夫兄，今天这几个人得罪不得的，他有权抓你！"姜亮夫立刻就做出决定，离开南通中学。当时南通中学的校长不在，回来后问清情况，就赶到上海，要姜亮夫回去，但是姜亮夫不肯。

姜亮夫在南通中学的教书生活就这样结束了，姜亮夫到上海住了两个月，由于在上海举目无亲，就去了无锡。

二、无锡中学

姜亮夫在南通时认识的宜兴一位叫周凤甸的人，邀请姜亮夫去无锡中学任教。在没有其他选择的情况下，姜亮夫就暂时同意去无锡。

无锡中学的前身是江苏第二师范学校，是全国有名的学校之一。无锡中学的环境条件更优于南通中学，这里的学生素质很好，学校对教师的生活也非常关心，因此姜亮夫在这一时期的生活很有条理。无锡中学的每一位先生都有自己的一间16平方米的房间住，每六个房间还有一名工友做招待工作。每天早晨，工友照顾教师们吃早点，把牛奶送到教师们的住处。食堂里的包子、粽子、猪骨头粥等，只要说一声，工友就会送到老师住处。在无锡中学工作期间，姜亮夫每天除了工作外，还抽出近两个小时的时间打网球。姜亮夫的身体也因此日益强壮。无锡中学这一年的生活成为姜亮夫生活中既安定又舒适的时期。

姜亮夫是作为文科的首席教员在无锡中学工作的。无锡中学的学生活泼、灵敏，也很刻苦。姜亮夫教的高中二年级和师范科三年级，学生毕业后升入大学的人数是姜亮夫从教以来开学人数最多的班级。而姜亮夫的《文学概论讲述》一书，就是姜亮夫在执教无锡中学时候的讲义，后来由当时听课同学的笔记整理而成书的。

姜亮夫本来在无锡中学的教书生活是很平静、愉快的，但是当时的中国处在兵荒马乱、党同伐异的时代，因而学校也难以避免。

一位共产党的地下工作者是学校的教务长，叫王寅生，住在姜亮夫的隔壁房间。一天天黑，一大群学生拿着棍棒找王教务长，幸好王教务长住在最后面的房间因而得以逃跑，但是有人说王教务长是从姜亮夫的后窗越窗而跑的。学生的矛头似乎要指向姜亮夫，姜亮夫镇静地打开窗户，学生冲姜亮夫问是不是共产党，姜亮夫说自己不是共产党。有学生想动手，姜亮夫那时候年轻力壮，大喝一声：“你们敢动一动看！”学生们看到姜亮夫这副神态，被镇住了，随后就散去了。这件事过后，校长安慰姜亮夫，姜亮夫说：“必须开除两个为首的学生。”结果姓彭的训育主任不肯开除学生，相反把责任推给姜亮夫，姜亮夫十分生气。此事闹大了，无锡地方士绅听说之后，就来问校长：谁主张开除？谁不主张开除？校长不敢回答。最后士绅们坚决要求把训育主任辞退，把两名为首的学生记过。这时姜亮夫知道无锡中学也难以久留。

后来姜亮夫回忆起南通中学、无锡中学的教书生涯，说这个时期“是我一生最快乐的时期，一是无牵无挂，二是我的工作轻松，三是觉得中等学校教员容易相处，争权夺利的事没有多少”。

姜亮夫在要离开无锡中学时打算回老家昭通教书，但是姜亮夫的父亲说昭通的强横势力很大，在昭通教书可能会受气，最好在昆明的云南大学教书。姜亮夫思来想去之后，决定去上海谋事。

三、持志大学

姜亮夫到上海后住在俭德储蓄会馆。胡朴安先生在登记表上看到了姜亮夫的名字就来找姜亮夫，认识之后，胡朴安先生对姜亮夫的印象很好，于是就介绍还没找到工作的姜亮夫到持志大学教古声韵学。从此开始了姜亮夫的大学教学生涯。

姜亮夫在持志大学教古声韵学，持志大学是1924年由何世桢创办的私立大学，是上海外国语学院的前身。1939年时重庆国民政府指令学校停办。每周六课时（两个半天）。持志大学对姜亮夫来说是具有重大意义的，在持志大学姜亮夫认识了他后来的夫人陶秋英。

胡道静在1928年入持志大学读书，正好姜亮夫从1929年开始在那教书。姜亮夫教胡道静他们声韵学、敦煌学。胡道静后来成为著名的古文献学家、科技史学家，姜亮夫对于参与培养出这一位著名的学者也是有功劳的。

四、大夏大学

姜亮夫在持志大学任教的同时也在大夏大学任教，这也是胡朴安先生介绍的。大夏大学曾被誉为“东方的哥伦比亚大学”，是由1924年因学潮从厦门大学脱离出来的部分师生在上海发起建立的一所综合性私立大学。抗战期间曾迁往贵阳，与复旦大学合并为中国历史上第一所联合大学。后来在原校址与光华大学合并后成立华东师范大学。当时，大夏大学的中文系主任陈柱尊先生亲自和姜亮夫交谈教学事宜。

姜亮夫在大夏大学教声韵学和国学概论，每周各三课时。由于姜亮夫同时在两所大学教声韵学，因此姜亮夫就编了《中国声韵学》。这本书是我国早期比较全面地讨论传统音韵学的概论性著作，是我国第一本大学用的专门讲声韵学的教科书，书的前半部分讲语言发音，后半部分讲语音学史。从此姜亮夫就开始一边教书，一边写书，像《国学概论》就是此时的产物。在那时候姜亮夫的同学王以中在编写《考古学》，王以中就和姜亮夫商量一起做。姜亮夫就完成了《考古学》讲义。这本书是三人合著的，书的前半部分是张天放写的，中间是王以中编的，后面是姜亮夫续编的。

本来姜亮夫在大夏大学的教学生活还不错，姜亮夫在1929年的时候还与徐志摩先生相会于大夏大学。但是，大夏大学也是因厦门大学闹学潮而分裂出来的，所以大夏大学是有些斗争的，因此年轻的姜亮夫在这里也遇到麻烦。

当时的姜亮夫年轻，思想又较为新潮一点，故其言论颇受学生们的欢迎。学生们很想听鲁迅先生的课，姜亮夫就去请鲁迅先生来讲了一课，结果学校认为姜亮夫是共产党，暗中戒备姜亮夫。年轻气盛的姜亮夫也看不惯学校为省钱而只让学生用很少的照明灯，就和学生一起与学校闹，于是就开罪了学校，遂愤而辞职。

姜亮夫在持志大学、大夏大学任教的同时还在北新书局担任编辑一职，所以当时姜亮夫不仅对教育界情况了解，对出版界的状况也是很熟悉的。

五、河南大学

在接受东北大学聘请之前，姜亮夫于1930年接受中国公学大学部之聘，主讲文学史以及诸子等课。中国公学大学是清末革命党人创办的学校。1915年，北京国民大学与上海吴淞中国公学合并，称中国公学大学部。中国公学大学培养了大量的人才，像胡适、冯友兰、吴晗、罗尔纲、吴健雄等等。1931年到国立暨南大学任教，后又转教复旦大学。

1934年姜亮夫受河南大学许心武校长的聘请，到河南大学文学院任教授，主讲中国文学史等课程。在河南大学任教期间，姜亮夫的同事、学生对他很好，学校对姜亮夫也很重视，所以姜亮夫就更加认真地教书。姜亮夫为讲文学史还自编了《中国文学史论》，河南大学还帮着石印出来。

当时姜亮夫的班上有12名学生，大家称之为“春秋十二公”，所以在任教期间姜亮夫帮助学生们组织了文学团体“春秋学社”，进行文学创作。姜亮夫还建议师生们合力搞一个《左传集解》，12名学生非常用功，为此姜亮夫向学校建议，学校也十分支持，学校分给他们房子、纸张，很快就投入编书的工作当中。师生合力，除了上课，其余精力都投入编书上，八个月就完成了这项工作，分装成十册，让图书馆收藏。

在河南大学任教期间，姜亮夫讲文字学时，完成了《甲骨吉金篆籀文字统编》一书。把甲骨文、金文、小篆与楷书对照排列成表石印出来，便于理解和接受，得到了河南大学上下一致的好评。1934年，在河南大学石印，但是可惜的是在1953年离开昆明以后遗失。姜亮夫为教授《楚辞》课程，还将讲义中的笺语录为《楚辞校笺》一书。在这期间，姜亮夫还开始了《文字朴识》一书的写作。

1935年陶秋英和姜亮夫商量去留学的事，加上章太炎先生的鼓励，姜亮夫决定到巴黎大学留学。其实姜亮夫是有些舍不得离开河南大学的，姜亮夫认为这所学校是做学术研究的好地方，但姜亮夫为了深造最终还是选择了到欧洲去，直到1937年6月才回国。

六、东北大学

1937年的中国处在兵戈扰攘时期，身在其中的人民也生活在水深火热之中。刚刚回到中国的姜亮夫也难以避免，姜亮夫在去往东北大学任教的过程都是曲曲折折。

姜亮夫在“七七事变”之前从欧洲取道西伯利亚回到北京。姜亮夫想南下，就到了天津，天津站上有姜亮夫的同乡好友。凌晨的时候姜亮夫的这位朋友告诉姜亮夫，“卢沟桥事变”发生了，兵车来了说不定就走不了了，就催姜亮夫赶紧走，姜亮夫急忙爬上火车逃至上海。但是，那时候的上海已是形势紧张，姜亮夫还在暨南大学的楼上亲眼看见了日军炸东方图书馆。那时候想要进入上海已经不可能了，上海的北站已经被日军占领。姜亮夫没有办法只得转道去南京。在南京姜亮夫遇到了东北大学的校长，这位校长就聘请姜亮夫到已经迁移到开封的东北大学任教。当时的姜亮夫既无工作，又无住处，就同意聘请了。

姜亮夫在四川三台东北大学宿舍前留影

由于抗日战争开始，中国一片混乱，姜亮夫辗转到了开封。姜亮夫正准备上课的时候，就接教育部通知，东北大学搬到西安。1938年，日军炮轰潼关，无奈东北大学又一次迁移，这一次迁到了四川成都，后转至四川三台，这才稍安定下来。从此就开始了姜亮夫在三台东北大学的五年的执教生活。

在三台的东北大学比较支持教学工作，把破房屋修整好，还想尽办法找来书籍，全校师生也是同心同德。在这样的氛围下，不论做什么事，只要一开会做出决定，立刻会变成行动，并且每个办公室都有工友打扫门窗，这些使得教师们省了不少心，姜亮夫也得以腾出更多的精力来做研究和教学。当时东北大学的学生在艰苦的环境下学习，很用功。新中国成立后，姜亮夫在昆明，来了一位解放军高级将领，看到姜亮夫就说："感谢三台东北大学对我们的教育，你对东北大学学生很好，大家都不会忘记你。"

三台东北大学有比较好的学风，并且当时学校里汇集了很好的师资，尤其是国文系，像蒙文通、王淑英、高亨、丁山、贺昌群、金毓黻等都在国文系。这种良好的学术氛围也为姜亮夫安心进行学术研究创造了良好的环境。姜亮夫在三台的前三年，主要精力放在整理敦煌卷子上，完成了《瀛涯敦煌韵辑》一书；在三台的第四年姜亮夫把敦煌材料全部整理成《敦煌志》一书；在三台的五年中姜亮夫还写了十多篇短文。

1940年，姜亮夫的父亲病逝，姜亮夫回家奔丧之后，打算从昆明乘飞机到成都，然后再转道回三台。当姜亮夫到昆明之后，昆明有三四位德高望重的年长前辈，像李根源、周钟岳等过去与姜亮夫的父亲是好友，对姜亮夫的情况比较了解，纷纷劝说姜亮夫留在云南工作，他们几位写信给云大校长，建议姜亮夫任云南大学文法学院院长之职。云南大学校长同意聘请姜亮夫，同时姜亮夫考虑到母亲年老体衰，需要人照顾，因此也想留在昆明。在外游荡20多年的游子终于回到家乡。

七、英士大学

1946年“李闻惨案”之后，作为爱国民主人士的姜亮夫也成为国民党黑名单上被暗杀的对象，于是姜亮夫在当时云南省政府主席卢汉的帮助下逃离昆明去往上海。到了上海之后，姜亮夫在同济大学教书，学校住房紧张，一家三口挤在两间6平方米大的房间里。后来郭绍虞先生也到同济大学教课，学校让姜亮夫再让出一间给郭先生，所以一家三口最后只能挤在一间6平方米的房间里，那时候姜亮夫的女儿很小，常常生病，所以生活极度困难。正好顾颉刚先生从南京来信，邀请姜亮夫到浙江金华的英士大学任文理学院院长之职。

英士大学创设于1938年，初名省立浙江战时大学。1939年，为纪念陈其美（字英士），改称浙江省立英士大学。1943年，改名为国立英士大学。1946年迁到金华。1949年解散了英士大学，其院系并入浙江大学、复旦大学。

英士大学当时的派系斗争很复杂，姜亮夫汲取以前的教训，安下心来教书，其他事都不管，但是周围发生的一切使得人心浮动。国共两军对峙，仗已打到黄河沿岸，接着又发生了淮海战役，共产党开始南下，国民党开始撤往台湾。在这兵荒马乱的年代，姜亮夫接到母亲的电报："病重速归。"此时姜亮夫在英士大学已经工作了一年半，接到这样的电报，于是就立刻辞退工作，返回云南。到了昆明的时候姜亮夫立刻打电报给母亲，家中来电："母亲好转。"后来才知道姜亮夫的母亲怕他们一家在战乱中有闪失，用这个办法叫姜亮夫回到云南。

此时在昆明的国民党绥靖主任已经调离昆明，权力集中在卢汉手里，昆明已不再对姜亮夫构成安全威胁，于是姜亮夫就留在昆明师范学院和云南省图书馆工作。

八、杭州大学

姜亮夫从1940年到调任杭州之前在云南工作的这十多年时间里，为家乡做了不少事情，这将在后文详细道来。期间于1948年还经顾颉刚介绍到英士大学任文理学院院长，但时间并没有很长。

1953年姜亮夫调到浙江师范学院（杭州大学前身）任教授，从此姜亮夫便开始了稳定生活的时期，教学进入正轨，学术著作的整理和出版进入高峰期。

姜亮夫到浙江师范学院的第一个任务是教一个班的研究生，共八人，姜亮夫一个人单枪匹马，共教五门课，每周达十二课时以上，直到这班学生毕业，接着又教了一批研究生。在姜亮夫教过两批研究生班，教过大学部的课程之后，学校要求姜亮夫担任中文系主任的工作。姜亮夫不愿意做行政工作，不肯接受，但校领导三番五次地找他谈话，姜亮夫推辞不掉，只好答应试做一年系主任。不过，姜亮夫大部分时间在家养病，不怎么管中文系的工作。1957年反右斗争结束后，学校要求姜亮夫继续担任中文系系主任的工作，姜亮夫依然没能推辞掉，于是就只好答应继续做系主任，并且真正开始关心、注意系里面的事。姜亮夫这一深入下去，就发现了很多问题。

姜亮夫发现最突出的问题就是学生自己不会自觉读书，自己不会做学问。针对这个情况，姜亮夫提倡学生要多读书、苦读书、会读书，这样学生毕业出去之后，就可以举一反三，但当时浙江师范学院没有大的图书馆，姜亮夫就向当时的吕志先校长建议盖大的图书馆。建造图书馆没有那么容易，针对当时的现状，姜亮夫提出几条措施："一要办好中文系资料室，把常用的基础书、工具书备起来，便于教师查阅；另一方面做资料的搜集整理工作，就是按内容、按体系剪报，并按一定规格、尺寸做资料柜，把有用的资料分门别类地剪下来收藏好，便于有关教师系统查阅。"当然有人反对姜亮夫的这个做法，不懂为什么要把好好的报纸剪掉，认为资料放在报纸上一样看。其实姜亮夫的这个办法对检阅资料是很有帮助的，因为那个时候还没有报刊资料目录索引。姜亮夫明白这些人没有正规系统地读过书，没有进入过正规大学系统学习。不过这次碰壁之后，姜亮夫并没有灰心丧气。姜亮夫接着做了第三件事，就是为学生和青年教师开了一门课：工具书使用法。姜亮夫把工具书集中起来，开了一个展览会，并告诉学生字典、辞典的区别及什么样的内容查什么样的书和资料的问题，从而使得学生可以自己进入知识的海洋中自由选择、自由深造，不必事事依赖老师。姜亮夫还亲自跑到旧书店买来从《辞海》《辞源》《康熙字典》《中华大辞典》到《说文》《说文通训定声》等等共计二十多种工具书。这样一来学生们既明白了什么叫工具书、如何使用工具书，又有方便的工具书可使用，但是学校反悔了，认为这样做没有意义。这使得姜亮夫感到“办教育的人，事实上在敷衍，多一事不如少一事，很多事情都要领导坐下来开会决定，这样要办成一件事是很难的”。姜亮夫的这个计划没有完全成功，学校还办了一个“反浪费展览会”，把姜亮夫辛辛苦苦采购来的二十多部工具书作为浪费的典型陈列出来。姜亮夫很是伤心。尽管如此，姜亮夫一想到学生就又忘了前面的教训，姜亮夫总是希望学生们多读些书。

姜亮夫总是处处为中文系、为学生着想，总是想办点有利的事，但暗中总是有阻力，姜亮夫曾想聘请会填词、会作曲、会唱曲的钱南扬先生到浙江师范学院任教，但有人污蔑钱先生的作风有问题，姜亮夫据理力争。但是，暗中诽谤这个东西实在太伤人心了，钱先生觉得自己研究词的专长在浙师院不能发挥，就去了重聘他的南京大学。还有学问很好的张天方先生也遭到同样的命

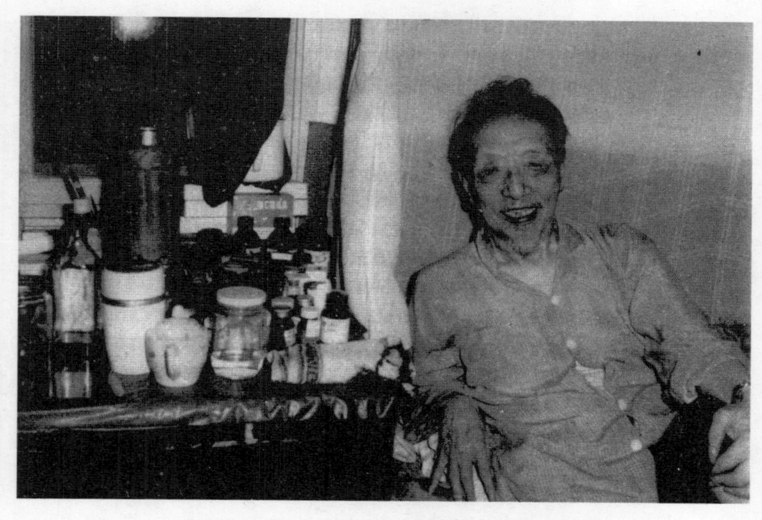

“文化大革命”中姜亮夫一生唯一不戴眼镜的照片

运。姜亮夫写信征求张天方先生来浙师院任教，张先生就来了，但是张先生是受中国旧式教育出身的人，讲课时喜用文言，学校就以学生听不懂张先生讲课为由辞退了张先生，学校也没有事前和姜亮夫商量一下，这让姜亮夫觉得很受气。当然让姜亮夫最受气的还是在浙江师范学院经历的十年“文革”的悲惨遭遇。

“文化大革命”之后姜亮夫继续在杭州大学工作，不仅指导研究生，而且在1983年成立的杭州大学古籍研究所担任所长，1984年国务院学位委员会批准姜亮夫为中国古典文献学专业博士生导师，开始招收博士。

姜亮夫在杭州大学工作了四十余年，尽管这里有些往事并不如意，但姜亮夫还是为杭州大学学科的建设立下了汗马功劳，也为国家培养了大量的人才。

九、楚辞学讲习班

十年的“文化大革命”对中华民族文化遗产破坏十分严重，“文化大革命”结束之后，国家开始抓古籍的整理，但更急迫的是人才的培养。为了使楚辞学研究后继有人，教育部要姜亮夫为全国十几所重点大学培训楚辞学专业研究人员。姜亮夫于1979年受教育部委托开办楚辞讲习班；来自全国十余所重点大学的学术骨干齐聚一堂，聆听大师的谆谆教导。

培训班开课期间，是“文化大革命”结束后不久，社会治安各方面都还没有走上正轨。在一天晚上，一名小偷从姜亮夫家客厅的小气窗爬进家中，并进入卧室，试图偷窃，被姜亮夫的夫人陶秋英发现，小偷袭击了陶秋英，姜亮夫闻声从另一卧室赶来，正好与小偷在卧室门口

1980年楚辞班13位教师毕业时与姜亮夫夫妇合影留念

相遇，不料小偷一拳便将姜亮夫打倒在地，然后逃之夭夭。陶秋英被送到医院之后，面部缝了三针，姜亮夫因尾椎骨挫伤住进了医院，所以楚辞班只得暂时停课。由于姜亮夫的伤情一直没有好转，所以在来年的春天楚辞班才复办，学员们又从四面八方聚集在杭州大学，完成楚辞班的学习。

这些参加培训的人后来大都成为国内楚辞学研究和教学的中坚力量。由授课笔记整理成的《楚辞今绎讲录》，于1982年北京出版社出版，影响很大。

十、敦煌学讲习班

楚辞班的学员毕业后，教育部又来请姜亮夫为全国培养敦煌学的专门研究人才。提起敦煌学姜亮夫就很伤心，因为敦煌经卷陈列在国外的图书馆里，敦煌的瑰宝流散在国外，研究敦煌的专业人才经过“文化大革命”之后所剩无几。对于敦煌学，几十年来姜亮夫从未忘怀过；对于培养中青年接班人，姜亮夫是很乐意接受的。所以，在1983年姜亮夫受教育部委托举办敦煌学讲习班，来自全国的十多位中青年骨干，再一次聚集杭州大学。

开班的时候姜亮夫已经八十多岁的高龄了，视力很差，姜亮夫没法写出详细的提纲，于是姜亮夫就凭自己知道的材料和内容，一个专题一个专题地讲给学员。姜亮夫一般是上午上课，中午稍事休息之后，下午和晚上就在心里罗列讲课提纲。因为开办敦煌学讲习班的时候姜亮夫已经是耄耋之年，加上身体健康状况不佳，在讲课的时候

姜亮夫（前排左六）与敦煌学讲习班学员毕业时的合影

就会出现体力不支，姜亮夫就讲一课休息一两天再讲，姜亮夫一直坚持到将计划要讲的内容讲完。这次讲课由于全程录像，所以讲课的录音后来被整理成《敦煌学概论》一书。

姜亮夫对教学的认真程度从他年逾古稀还在这样一丝不苟的备课、讲解可见一斑。姜亮夫将这种认真精神奉为一生从事教育事业的圭臬，甚至到了执着的程度。在“文化大革命”前有段时间，姜亮夫只带一个研究生，他还是坚持在学校上课，按照铃声上下课，上课时候依然一丝不苟，仿佛是在面对整个班的学生讲课一般。

十一、古籍所

1958年，姜亮夫曾提出加强古代汉语、古代文学、古典文献学教学的“三古方案”。“文化大革命”结束后，教育部的人到姜亮夫家访问，向姜亮夫询问这“三古方案”，姜亮夫就把“古典文学”“古汉语”“古典文献”三个专业如何作为基础研究的方案详细地讲出来，教育部的人听了之后十分赞同，就决定在杭州大学成立古籍研究所。教育部希望姜亮夫在培养专业的中青年教师方面多做点工作，姜亮夫也欣然接受了这一任务。于是姜亮夫就奉命组建古籍研究所，1983年杭州大学古籍研究所成立，姜亮夫亲自担任所长，为培养古籍整理与研究人才倾注了他晚年的全部精力。

尽管姜亮夫年迈体衰，但是姜亮夫还是时刻挂念古籍所的工作。1989年10月，姜亮夫出席古籍研究所青年教师论文报告会，讲过一段话，姜亮夫的学生傅杰先生把这段话看成是姜亮夫的最后一次讲课，也看成是姜亮夫留下的精神遗嘱。报告会那天，年近90岁的姜亮夫在家人的搀扶下，拄着拐杖颤颤巍巍地来到会场，姜亮夫说是想趁开会的机会跟大家说几句话，姜亮夫说：“我们的学术与西方学术的概念是有些不同的。这一点事情，我们应有所了解。我们所谓的学术是学术里面有‘道’，我们的学术是由‘道’来贯穿的。这个‘道’字是观点立场问题。传统的‘道’，现在看来是有些不适用了，但不是完全不适用。”“每一种学术，都有它自己不可磨灭的‘道’

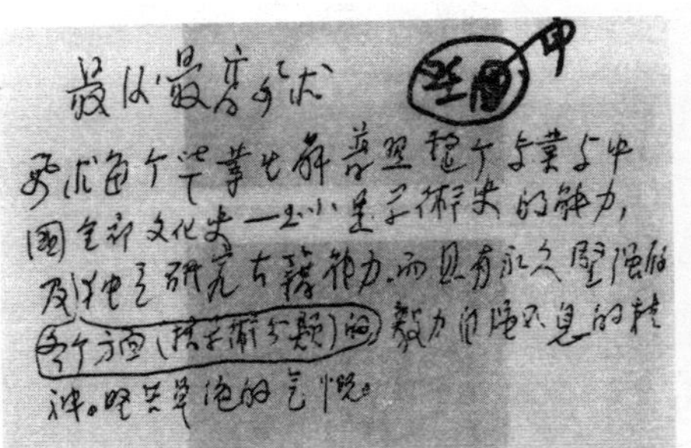

姜亮夫对古籍所的毕业生“最后最高要求”字迹（1992 年）

在，当然，这不可磨灭是一个时间概念，有一万年的不磨灭，有一千年的不磨灭，有的则可能几年后就要磨灭了。”姜亮夫希望大家“要把握住自己的‘道’，搞一些光明正大有价值的学问”。姜亮夫已经离去20多年了，但他的话仍然在影响着学术界。

1992年姜亮夫因体弱多病开始了长期的住院生活，但是他依旧念念不忘古籍所的工作，所以写下了对文献学研究生的“最后最高要求”：“要求每个毕业生能普照整个专业与中国全部文化史——至少是学术史的能力，及各个方面（指学术分类）的独立研究古籍能力，而且有永久坚强的毅力、自强不息的精神、坚苦卓绝的气概！”

筹办学校

姜亮夫除了教书、做研究之外，还曾参与过筹建弘毅大学的工作。姜亮夫在上海的时候认识一位南京的叫伍仲文的人。伍仲文先生本是一名官员，因看不惯官场上的鱼龙混杂以及污糟之处，比较喜欢和读书人做朋友，伍先生与姜亮夫相差20岁，因此二人成为忘年之交。

有一次伍先生找姜亮夫商量一件大事。伍先生有个好朋友是上海江湾的地皮大王，此人的儿子们不成器，所以想把家产拿出来做点对社会有用的事，最后决定办一所大学；伍先生就把姜亮夫推荐给地皮大王，后来他们就坐在一起商量办大学的事。这个地皮大王叫王慎三，他见了姜亮夫就说："姜亮夫，伍先生多次介绍过你的为人，为人正派，从不做假事、不说假话，学问又好，处事平和，是一位绝对可靠的人，办学的事你计划如何？"姜亮夫就把自己考虑好的一份大纲说了一下，并告诉王先生和伍先生等人现在教育部的规定。王先生很支持这件事，一一向姜亮夫询问办学规模、步骤、费用等问题，姜亮夫都仔细地做了回答。王先生决定拿出3000亩土地以及220万建筑费办学。关于大学的名称，大家各抒己见，王先生又问姜亮夫的意见。姜亮夫明白这次办学的全部用意，要办的这所大学任重道远，于是姜亮夫说："孔子说：'士不可以不弘毅'。"王先生听了之后连连称赞说："好得很！好得很！就叫弘毅大学。"之后姜亮夫赶赴南京，找当时的教育部部长王世杰办理好批文。姜亮夫向王慎三先生讲完这一切准备工作之后，王先生言而有信，立刻拿出地契单据和220万的支票，具体建筑事项由姜亮夫和建筑公司商量。这样干净利落的办事使姜亮夫都有些不敢相信，简直近似神话。学校的规划图画好，按图样在地上画好粉线，工人就开始打夯了。同时姜亮夫迅速物色好各学院院长人选，邀请信发出。不幸的是正在这时候，日本兵进占了上海，工地被迫停工。王先生与市政府协商，再与日本人交涉，日本人不肯退出，一占便占了两年半。被逼无奈，姜亮夫和伍仲文先生就把地契和200多万的余款以及花费清单交给王慎三先生。两年后日本人不仅没有退出上海，而且全国的形式也紧张起来，进入了八年抗战时期。弘毅大学就这样流产了。

姜亮夫作为筹建弘毅大学的主要负责人，从计划建校、办理政府批文、学校起名到规划建筑、监督建设，每一个环节都是亲力亲为，为建校之事尽心尽力，可见姜亮夫对教育事业的鼎力支持和满腔热情。

姜亮夫一生大部分时间都是在与学校打交道，与教育业相伴终生，甚至耄耋之年还在授课。从1928年起，姜亮夫一直固守在教书育人的岗位上，60多年以来，姜亮夫不仅带出了一批又一批学生，桃李满天下，英才遍神州，指导的许多研究生，现在都成了各所高校或是科研机构的骨干、中坚力量，而且姜亮夫还为学科的建设做出了卓有成效的贡献。

第五章 “他乡不似故乡亲”

把“少小离家老大回，乡音无改鬓毛衰”这句话放在姜亮夫身上是合适的，他很早就外出求学，在外面漂泊了很多年才回来。正所谓“百年为客老，一念为乡深”，无论他走到哪里，家乡总是他魂牵梦绕的地方。然而，他在故乡遭遇的一切又是令人唏嘘不已……

对家乡教育事业的贡献

一、云南大学

在李根源、周钟岳的举荐下，姜亮夫决定留在昆明，为家乡父老尽点力。姜亮夫于1940年接受云南大学校长熊庆来聘请，任云南大学文史系教授。

进云南大学后不久，姜亮夫发现云大的教授、讲师、助教极少是云南本省人，姜亮夫想到："等抗战一结束，外地的先生们一定要回到原地去的，到那时候，云南大学肯定要垮掉。"因此姜亮夫主张多培养一些云南的优秀青年教师，将来可以接替。云大校长熊庆来先生没有接受这个建议，熊先生认为云南本地教师每个人背后都有各种各样的关系，怕这样不好管，并且熊先生自己也有打算，准备抗战结束后去南京、去北京，那里有许多自己的学生，云南将来的事熊先生是管不了的。为了这件事，姜亮夫首次和熊校长发生正面冲突，这样就使得熊校长认为一个云南人敢和自己顶撞，更促使熊校长不聘请云南人。

在云南大学任教期间，姜亮夫主要开设"尚书尧典新证""古文字学""文学概论"等课程，其中"古文字学"课以甲骨文释词为主，姜亮夫以自己丰富的教学科研经验和博大宏通的知识深深地影响着学生。

1943年熊庆来校长又聘姜亮夫为文法学院院长。在上任后不久，姜亮夫就起草云南大学人文学院发展计划130页。姜亮夫指出："云南历史与地理之特点，而大学文法两院应配合此特点而发展之，不宜与一般大学相等。故设科分系应先调整，而社会科学系与史学系合并为历史社会系，系中分为民族组与社会组，组织增设东方语文系、经济系，设经济地理与计划经济两科目，附设银行会计班，中文系改称文学系，分中、英文两组。或英文成系而中文系分语言文学与学术组，英文系加重中文训练，又于全院附设民族专修科与西南文化研究室，专修科设招收边疆子弟研究室，纯以搜集资料为事。其他如培植教授、多设助教等约二十余事。"姜亮夫还打算聘请萧公权主讲政治课，金礼彰主讲经济课，陈寅恪、徐中舒、陈守实主讲历史课。但熊庆来校长迟迟不肯下聘书，此事

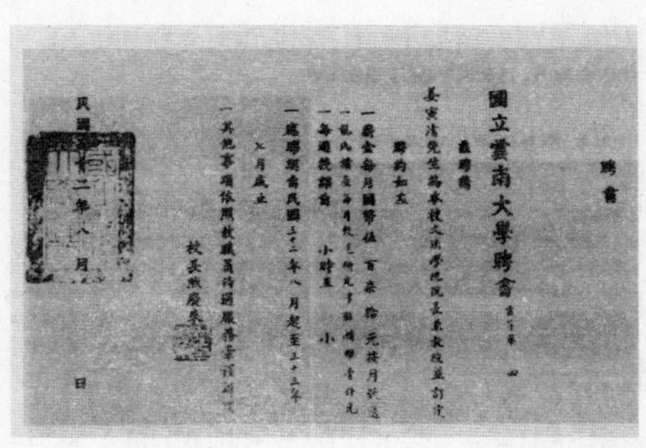
聘書
國立雲南大學聘書
校長熊慶來

1943 年云南大学聘姜亮夫为教授兼文法学院院长的聘书（1943.8—1944.7）

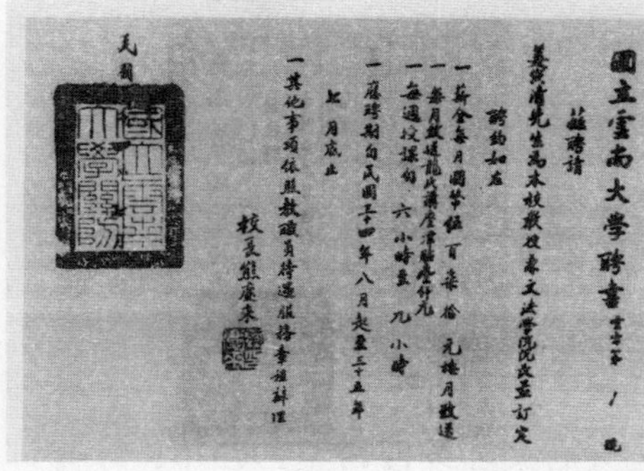
國立雲南大學聘書
校長熊慶來

1945 年 7 月云南大学聘姜亮夫为教授兼文法学院院长的聘书（1945.8—1946.7）

也就作罢了。姜亮夫两次向熊校长提合理化建议，但由于种种原因都没有结果。姜亮夫是很想为自己的家乡的教育、文化事业做出一番贡献的，然而这些建议没能实现，令姜亮夫有些气愤，但又无可奈何。

姜亮夫还在文法学院采取了一些措施：“（一）规定教师讲课，主讲教师主要是教授、副教授、讲师，助教只是帮助或协助教授批改作业，教授、副教授在课堂主要讲授其研究心得和成果；（二）严格学院考试，提高学生素质；（三）开办讲座，培养和活跃学院的研究风气。”这些措施实施后，取得了明显效果，大大提高了文法学院乃至云大在国内外的学术知名度。

云南省政府主席龙云拨给云大的20万元中的10万元用于资助建立西南文化研究室，于是姜亮夫与文史系主任方国瑜先生通力合作，组建了云南大学西南文化研究室。该室致力于西南史地译著的搜集与刊布、先后印行学报两种、丛书六种，其中有向达、凌纯声、顾颉刚、陶云逵等参与编印的“西南研究丛书”，并出版《西南边疆杂志》。姜亮夫对西南文化的保护、整理做出了巨大的贡献。

姜亮夫在云大工作期间出版了《文字朴识》一书，还撰写成《张华年谱》《护国军志》《护国军文征》等。姜亮夫还继续修订、编次好《昭通方言疏证》一书，本书是在姜亮夫撰写于1925年的《昭通方言考》基础上整理、补充的，姜亮夫后又陆续搜讨至1973年，才修订完成正篇，共分八类，附论文四篇。此书是一部以昭通方言为根，以声音为线索，探讨语言文字流变规律的宏著，是云南地方文化研究的光辉典范。在这个时期姜亮夫还撰写了许多有关当时的政治、经济、学术、文化、教育、社会等问题的短篇评论文章，后集为《挥戈集》，但是稿子已经佚失，由于姜亮夫发表这些文章时均用笔名，所以也很难查考了。

姜亮夫除了继续自己的学术研究、写作之外，还参与云大的“宪政研究会”“西南文化研究会”“云南民族学研究会”以及中国科学社社友会、中国天文学会等当时中国8个科学团体学术联合年会在云大举行的筹备工作，并任筹备委员。

1942年当时云南省主席龙云提倡学术，促进科学、教育事业，指令兴文、劝业两银行拨款国币20万元补助云南大学，其中以10万元设立龙氏学术讲座10席，每席约万元。1942年和1945年都聘请过姜亮夫任龙氏讲座教授，姜亮夫在开设的“敦煌经籍校录”系列讲座中，把自己在欧洲研究考古的方法和语言音韵学研究方法介绍到云南大学，开阔了云大师生

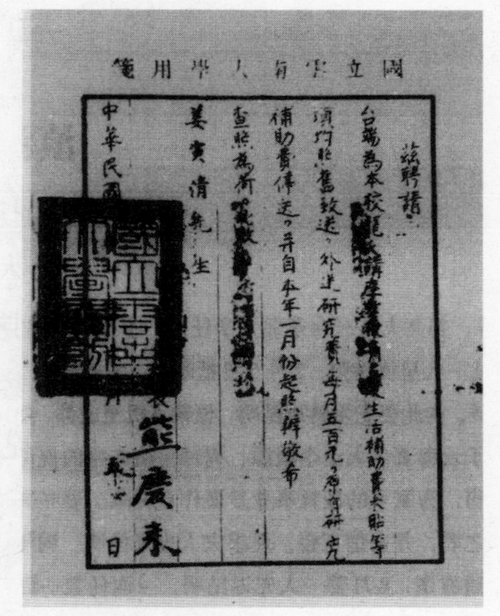
國立雲南大學用箋

茲聘請

姜寅清先生

熊慶來

中華民國 年 月 日

云南大学聘请姜亮夫为龙氏讲座教授

的视野，增强了云大的学术氛围。

1946年迫于国民党特务的暗杀，姜亮夫离开昆明；1948年初，姜亮夫重新回到云南大学任教授；1949年9月9日，卢汉发动“九九整肃”，姜亮夫为“云南大学整理委员会”主任。1949年云南和平起义后，云南大学陆续恢复工作。当时担任云南临时军政委员会文教处长一职的姜亮夫接见云大的“五联会”（教授会、讲师助教会、职员联合会、工警联谊会、学生系级代表联合会）代表，授意在过渡时期由“五联会”负责推动校务工作，希望能尽快恢复学校秩序。不久后云南大学成立了以秦瓒为主任的临时校务执行委员会，负责过渡期间云南大学的一切事务。

姜亮夫在云南大学任教期间，以自己的人格魅力，博大宏通的知识对学生言传身教，并且为云南本土、为国家培养了大批优秀人才，大大扩大了云南大学在国内外的影响。

二、昆明师范学院

姜亮夫刚到昆明，昆明师范学院（1984年更名为云南师范大学）院长就拜访姜亮夫，邀请姜亮夫到昆明师范学院任教，并告诉姜亮夫国民党绥靖主任已经调离昆明，权力集中在卢汉手中，昆明已经不再对姜亮夫构成安全威胁，于是姜亮夫于1947年接受昆明师范学院教授一职。

姜亮夫在昆明师范学院任教期间，为学校办古史展览，搜集了很多图谱，后做成《古史图谱》一书，以利于全国的学校。

昆明师范学院聘书之一（1947.8—1948.7）

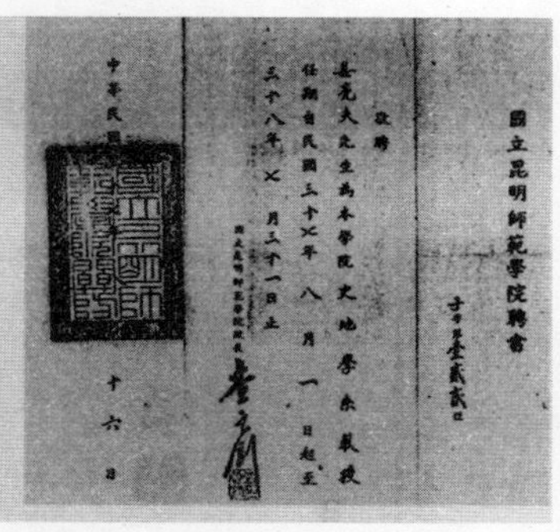

昆明师范学院聘书之二（1948.8—1949.7）

姜亮夫在昆明师范学院任教的同时，云南省政府聘请姜亮夫担任省图书馆馆长的工作。姜亮夫觉得这样既不影响师院的教课，自己当馆长，又等于为师院增加一个图书馆。姜亮夫无论做什么都很有责任心，处处为自己工作的地方着想。姜亮夫上任省图书馆馆长没多久，就接到省主席卢汉的来电。卢汉主席希望姜亮夫可以出任云南省教育厅厅长一职。于是姜亮夫又开始了人生的另一个角色。

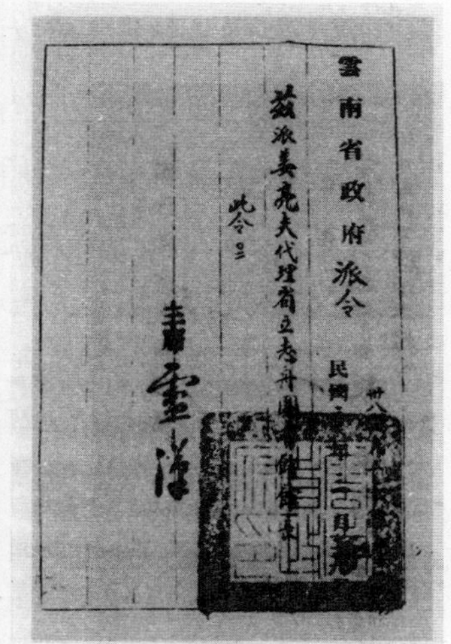

云南省政府派令

兹派姜亮夫代理省立志舟图书馆馆长

此令

卢汉

卢汉派令姜亮夫为云南省立志舟图书馆代理馆长公文

被推上去的教育厅长

1949年4月21日渡江战役之后，全国的局势渐渐明朗，共产党几乎解放全国，国民党撤往台湾。此时的云南还没有解放，局势不稳，昆明处在混乱之中，学生罢课、教师罢教，各种谣言到处传播，社会动荡不安。卢汉发怒，一连杀了20多个罪犯。卢汉电邀姜亮夫见面，这令姜亮夫有些胆战心惊。姜亮夫想正处在卢汉发怒杀人的风头上，又被叫去见面，绝不会是好事，但是姜亮夫又想到卢汉曾经有恩于自己，如果要刁难的话，当初也就不会派人通风报信救自己了。于是，姜亮夫怀着矛盾的心情去见卢汉。

二人一见面，卢汉就开门见山地和姜亮夫说云南的学生在罢课、教师在罢教，关键问题在教育厅厅长身上。当时云南省内形成反对教育厅厅长的浪潮，所以得尽快换掉厅长。于是卢汉就对姜亮夫说，要他出任教育厅厅长。姜亮夫说：“我只会教书，我不会做行政工作，一定做不好的。”姜亮夫极力推辞，卢汉就劝

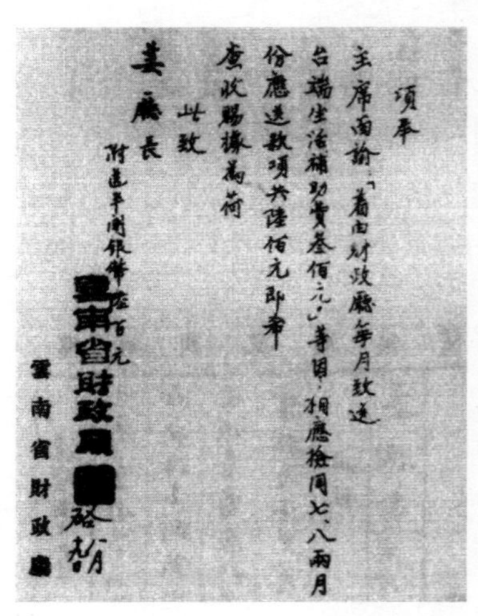
頃奉
主席面諭「着由財政廳每月致送
台端生活補助費叁佰元」等因，相應檢同七、八兩月
份應送款項共陸佰元即希
查收賜據為荷
此致
姜廳長
附送平南銀幣陸百元
雲南省財政廳 啓 8月
雲南省財政廳

云南省财政厅奉卢汉指示给姜亮夫生活补助费

说姜亮夫接受任命。姜亮夫看到卢汉“两个眼圈还是红红的，一股杀气还未消失”，姜亮夫就想拖一拖再说，便对卢汉说：“让我回去和家里人商量商量，我明天再回复你。”但是卢汉在见面后的当天下午就把事情公布出去了。第二天早晨，新闻媒体记者就来采访，说已经登出姜亮夫就任教育厅厅长的新闻了。姜亮夫就这样被推上了教育厅厅长的职位。

姜亮夫任云南省教育厅厅长时全家留影

一、解决罢课、罢教问题

姜亮夫上任后的第一个任务是解决罢课、罢教的事。姜亮夫上台后的第三天，就召开会议，各个学校校长、训谕主任和一名教职员代表，每个学校出三人参加会议。在会上姜亮夫先表明自己这个教育厅长是卢汉主席要让当的，自己也无可奈何，并表示自己是云南人，云南的事情需要大家做。姜亮夫希望大家把教育厅看成是中等教育的议事厅，“有事大家就到教育厅来商量，没有事大家也到教育厅来坐坐，希望大家不要把教育厅看成衙门”。这话在当时的政府里是不会讲的，来开会的人也从未听到过，觉得姜亮夫这个厅长不可怕，就开始讨论解决问题的办法。姜亮夫说："罢课、罢教现在基本问题是经费问题。关于经费问题省务会议商量过了，一个礼拜以后可以解决，希望大家回去复课复学，一周以后如果经费问题解决不了，我就下台！"

一周以后，云南做了新的规定，从普通工友到省最高领导，包括卢汉主席本人在内，每人每月给三十块半开（袁大头银币的二分之一，云南特有的一种币制），一律平等，所以昆明学潮总算暂告平息。为了使局势稳定下来，国立云南大学和国立昆明师范学院也是按照三十块半开规定发工资，大学也就开始上课了。处理好影响云南省的学潮之后，姜亮夫开始着手料理教育厅内部的事情。

二、设边疆教育科

姜亮夫看到云南边疆少数民族很多，而且情况很复杂，将来边疆教育一定会受重视，姜亮夫说这是受梁漱溟先生思想的影响，以生产教育为开头，派人到边疆少数民族地区去指导或动员边疆人员学汉文。于是就决定添设边疆教育科，边疆教育科科长一职让民族学家江应樑先生担任。姜亮夫的这一举措对后来云南成为全国边疆学教育和科研的重镇起到了重要作用。

三、动植物调查团

云南独特的气候和地理环境，使这里有种类繁多的动植物，云南省是动植物的王国。但是，云南省对动植物的拥有量还没有完全弄清楚，根本谈不上开发利用。姜亮夫就和建设厅长商量，教育和建设两厅合搞一个动植物调查团以便于讨论开发利用的事。为此就通令全省各县在两个月内，上报本县动植物的特产品种，绘制云南动植物特产分布图，然后根据各地特色办班，水果好的地方进行果园栽培技术教育，棉花好的地方就进行棉花栽培技术的学习。另外还在云南大学矿物系调查的基础上，进行云南省矿物调查。

姜亮夫的这些措施对于了解云南省自然资源拥有量以及合理开发、利用这些资源提供了帮助。

四、师范类学校整改

姜亮夫到各学校进行检查工作的时候，发现存在很多问题，问题最突出的是师范类学校。这些学校买了许多物理、化学仪器，有些达十年之久都没有开启箱子。姜亮夫吩咐拆封，列清单，指示中等学校教育科核实，把重复的部分调给缺少仪器的学校。但是，此事触犯了师范类学校的利益，从而加剧了舆论对姜亮夫个人的攻击。

五、解放云南

1949年7月，国民党军队突然进入云南，队伍到了曲靖，逮捕学生中所谓“边纵”的人，结果学生又开始闹事了。到9月的时候蒋介石派到昆明一大批特务，像毛人凤、沈醉等都来了，他们一到昆明就大肆逮捕民主人士，尤其是高级知识分子，就连姜亮夫教育厅的主任秘书李群杰也被逮捕。就在这个时期卢汉发动“九九整肃”，任命姜亮夫为“云南大学整理委员会”主任。大逮捕事件使教育界大为轰动，后来经过卢汉从中和蒋介石斡

南京军区司令部 1985 年补发给姜亮夫的起义证书

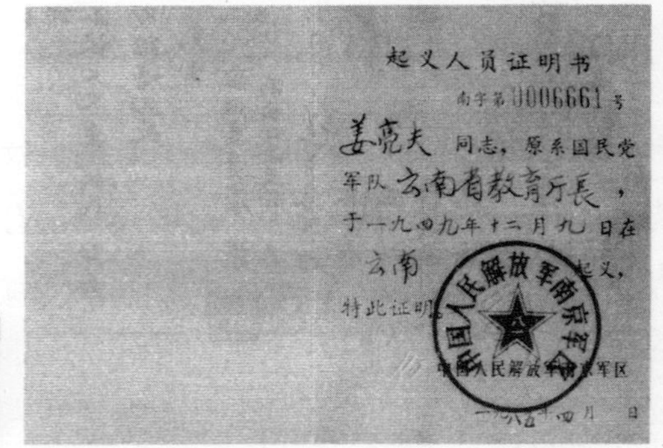

起义人员证明书

南字第0006661号

姜亮夫同志，原系国民党军队云南省教育厅長，于一九四九年十二月九日在云南起义，特此证明。

中国人民解放军南京军区

一九八五年四月 日

中国人民解放军昆明市军事管制委员会发给姜亮夫的“胸证”

旋，才释放被逮捕的人。但是蒋介石还是想控制住云南，调兵团从贵州进入云南，李弥兵团从广西进入云南，昆明处在包围之中。

李弥是云南人，卢汉一面动员李弥亲戚劝说，一面让姜亮夫这个云南人招待李弥。当时教育厅有个实验剧场，于是姜亮夫就去陪李弥看戏。姜亮夫奉陪坐在李弥身边看《哭祖庙》一戏，看完之后李弥要走的时候，姜亮夫对他说：“李公，我希望不要再发生哭祖庙的事。”李弥听懂了姜亮夫的话，说："我绝不做伤天害理之事，我知道你是爱国民主人士，这事如何处理好，要费周折。"

1949年12月9日时任国民党云南省政府主席卢汉在昆明起义，通电全国，宣布云南和平解放。姜亮夫担任了云南军政委员会文教处处长，但军政委员会不让姜亮夫进入，于是姜亮夫就专心在昆明师范学院教书。后来又接到昆明师范的通知说姜亮夫是"编余"人员，不准姜亮夫住在师院内，又让姜亮夫和图书馆的人一起学习，学习了不久就让去昆明的西山革命大学高级研究班学习。1950年11月，姜亮夫进入革命大学学习14个月。

省博物馆工作二三事

姜亮夫从革命大学毕业以后，没人肯收留姜亮夫，在朋友刘绍光的帮助下，解决了住所的问题，但是工作的问题迟迟没有解决。昆明师范学院将姜亮夫列为"编余"人员，所以没有工作的姜亮夫在经济上到了山穷水尽的地步，结果成为"编余"的五个人以姜亮夫为首给当时的教育部部长马叙伦先生发电报。马叙伦先生虽然与姜亮夫不是深交，但马先生知道姜亮夫是章太炎先生的学生，曾经见过几次面。马先生接到姜亮夫的电报之后，就立刻给西南军政府打电报，要他们立刻解决姜亮夫等五人的吃饭问题，姜亮夫这才每月勉强得到70元的生活费，不久姜亮夫接到省教育厅的通知，要姜亮夫去筹备云南的博物馆，姜亮夫是筹备委员。于是1952年姜亮夫到了云南省博物馆工作。

姜亮夫到博物馆后的第一件工作就是主持重修昆明的圆通寺。圆通寺是元末明初时建的庙，是供东南亚、南亚佛教信徒到云南来朝拜地藏王菩萨的地方。开始修的时候，架子搭好后，发现大殿大梁将要毁坏，大梁不修好，其他的修缮工作没法进行。姜亮夫亲自爬上脚手架，查看断裂情况，然后再和工程师商量。工程师说要换大梁，但是没有这样大的木材。姜亮夫就出主意，打一个大铁匝，包起来，把大梁紧固好，扶正大梁，然后修缮里面。刚解决了这个问题，就又发现大殿上方开的大明窗成了鸟栖息的地方，于是又清理鸟粪，积攒了几百年的鸟粪共运了几十车。

大殿墙壁上的菩萨雕像断手断足残破的要补、彩画要补，这些涉及专门的佛教艺术，姜亮夫就一个人查资料，买不到的颜料就用德国颜料代用。就这样把雕像的残破处都修补好，彩画用西方颜料粉刷好。工作都是在脚手架上进行的，结果一个老油漆匠从脚手架上摔下来，姜亮夫又受到指责。

在大庙的后面还有一个比其早一百年的小庙，博物馆的一位秘书下令把小庙拆掉，姜亮夫没有办法，就给省教育厅打电话，告诉他们这庙是云南最古老的庙宇建筑，要拆毁该如何解决。教育厅回答说："你考虑，能保存多少就保存多少，已开始拆了，要恢复已不可能。"于是姜亮夫就把拆下来的破旧材料送仓库保存起来。圆通寺修好后，轰动云南，很多人来看。

圆通寺的修复工作姜亮夫从设计、制图到施工监督均亲力亲为，姜亮夫为了修好圆通寺煞费苦心，废寝忘食，披星戴月，除了从文献中苦苦的研究，还和工人同甘共苦地劳动。结果是圆通寺修复得非常之好，以至于很多人认为姜亮夫是修复庙宇的专家。

圆通寺的修复任务完成以后，又交给姜亮夫的第二项任务是养豹子。但连猪、鸡都未养过，更何况是豹子。豹子是凶猛的动物，而且不是关在笼子里养，而是用铁链锁住养。每次去给豹子喂食时姜亮夫都吓得腿脚发软，有一次姜亮夫去喂豹子，结果被豹子，咬伤了腿，腿上的疤痕直至到杭州八年后才消失。对姜亮夫来说养豹子的日子简直是度日如年，每天都是在提心吊胆中度过的。后来姜亮夫生了一场大病，在朋友刘绍光的帮助下才得以住院治疗。

这期间姜亮夫的妻子被浙江师范学院聘为教师，并且浙江师院也同意姜亮夫去任教。此后姜亮夫就远离家乡，生活在杭州直至去世。

民主活动

姜亮夫是民主爱国人士，他积极参加各种民主政治活动，比如参加云南大学宪政研究会，参加潘大逵先生组织的“民主宪政促进会”等等，除此之外姜亮夫在那时候还写有许多针砭时弊的文章发表在报刊上。

1944年10月19日西南联大与文艺壁报社在云南大学至公堂举行纪念鲁迅逝世8周年晚会，姜亮夫发表了题为《鲁迅对写作的态度》的精彩学术演讲。

1945年1月28日，姜亮夫在《云南日报》发表了《一·二八所得到的》文章，“深刻揭露了日本侵略者从光绪五年侵占琉球以来近70年包括鲸吞东三省的种种罪行及其使用的种种卑劣伎俩，要国人时刻警惕日本侵略者使用‘以华治华’破坏国人团结以达到其侵略目的的阴谋诡计。在当时起到了鼓舞民众，争取抗战胜利的巨大作用”。

民盟云南省支部成立后，即拟筹办一个定期刊物，直到1944年底，创刊号方始问世。刊物定名《民主周刊》，实际是民盟云南省支部的机关刊物。它经常发表民盟中央对时局的主张、宣言以及省支部各负责人的意见和文章，并以推行民主宪政，加强团结，抗战到底，反对内战，主张建立联合政府等重大事项作为宣传重点。姜亮夫当时还兼任《民主周刊》的编辑。《民主周刊》当时的社长是闻一多先生，这份杂志常常刊登一些揭露国民党的丑恶行为、斗檄文等的文章，因此成为国民党盯梢的对象。

1946年7月11日李公朴先生被国民党特务暗杀，西南联大和云南大学的师生十分震惊，于是大家决定开一个演讲会，时间定在7月15日，决定共有三个人进行演讲：姜亮夫、闻一多先生，还有另一位先生。那天在悼念李公朴先生大会上，闻一多先生发表了著名的《最后一次的演讲》，当晚就被国民党特务暗杀。演讲会前一个小时，姜亮夫两岁的女儿突发高烧，病情看上去相当危险。姜亮夫没有办法，只能先将女儿送到医院。当姜亮夫的女儿转危为安后，姜亮夫回到家里得知闻先生被暗杀的消息，十分震怒。姜亮夫想到现场去看一看，但被学生拦下了。后来卢汉派人告诉姜亮夫："你要万分小心，李公朴、闻一多后面就是你！"卢汉要姜亮夫赶快离开昆明，并派专车将姜亮夫直接送到飞机场，于是姜亮夫一家人在卢汉的帮助下乘飞机逃离昆明。姜亮夫一家刚到上海不久，昆明就发生了教育界大闹风潮，爆发军队镇压大学生的事件。

其他活动

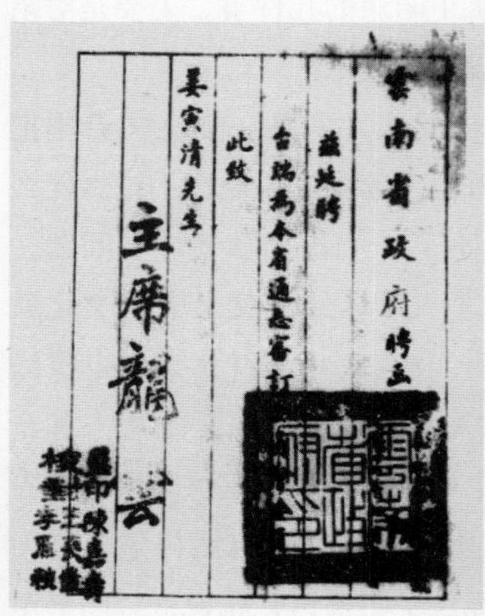
雲南省政府聘函
茲延聘
台端為本省通志審訂
此致
姜寅清先生
主席龍雲

云南省主席龙云延聘姜亮夫为云南通志审订委员会委员

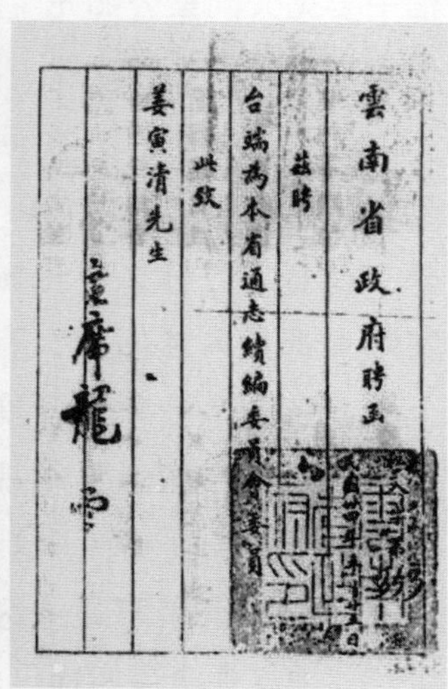
雲南省政府聘函
茲聘
台端為本省通志續編委員會委員
此致
姜寅清先生
主席龍雲

1945年云南省政府主席龙云贫聘请姜亮夫为云南通志续编委员会委员

一、参与《新纂云南通志》的编纂

中华民国三十二年（1943年）6月，云南省主席龙云为完成《云南志稿》，特设通志审订委员会；姜亮夫是六委员之一。1945年云南省政府主席龙云聘请姜亮夫为云南省通志审订委员会委员，后又延聘姜亮夫审查《云南志稿》，阙者补之，复者删之，意所未惬者考订而修正之。

二、对昭通建设的设想

1988年的时候姜亮夫的眼睛不好，于是姜亮夫的女儿就想了个办法，让姜亮夫口述自己的一生经历，用录音机录下。姜亮夫虽离家几十年，但从未忘记过养育自己的家乡，家乡的一山一水都深深刻在姜亮夫的脑海里。于是，给时任云南省副省长的侄女婿梁公卿一封录音信，在信中姜亮夫同梁公卿先生讲了昭通的几件事，主要是对昭通未来建设的几点建议、设想。

姜亮夫说的第一个问题是人才问题。姜亮夫希望把教育培养人才的问题放在首位，姜亮夫说现在不论做什么事，没有人才什么事也做不了，“我接触到许多问题，实际上都是人才问题，有了人才，经济就上去、文化就上去，各项事业就能开展，没有人才，就什么事也没法展开”。而在昭通不重视人才，最吃香的是生意人和军人。姜亮夫想改变一下这个风气，姜亮夫建议昭通“培养的人才以适合于昭通地区所急需的理科自然科学人才为主”。姜亮夫听说昭通已经建了图书馆，就说：“图书馆大楼造好后，不要空着，不要把买书的钱拿去买小汽车或去盖漂亮的宿舍，要迅速买自然科学和人文科学的书。有了这个图书馆，我们人文科学的人才也自然可以解决。”姜亮夫认为买书是培养人才工作上不可或缺的事。

第二个问题是关于昭通的生产问题。昭通存在的两个严重问题，一个是水的问题，包括饮用水和灌溉水；另一个是钻沟垭口地的北风问题。姜亮夫意识到这两个问题和人民生活生产关系极大，就提出了自己的看法。姜亮夫还提出发展昭通地方特色产品，比如天麻、三七、黄梨、羊等，姜亮夫也很谦虚，只是说提自己的看法，具体操作建议要去咨询相关专家。

姜亮夫赠梁公卿联

“要想富，先修路”，姜亮夫也意识到交通问题的重要性，所以第三个问题是交通问题。姜亮夫说昭通要发展得快，一定要有铁路。姜亮夫说要“让国家重视起来，昭通才真正有希望”。

姜亮夫见多识广，以自己的经验提示昭通该如何发展起来，可见姜亮夫对家乡的关心和美好的期盼。姜亮夫还写了一副对联送给梁公卿，寄托了姜亮夫对家乡领导的期望。“高楼思哲士，盛宴忆寒

昆明市金马、碧鸡牌坊（姜亮夫摄于1947年）

民”，意思是说领导的地位高高在上，要想着许多贤才之士；在丰盛的筵席上的时候，要想到贫寒的人们。

姜亮夫在几十年的异乡生活里，总是时刻思念着自己的家乡。20世纪80年代初，云南举办了一个全国古代文论讨论会，邀请了姜亮夫和他的女儿姜昆武一家人。讨论会定在下半年，但在年初就提前通知了姜亮夫。姜亮夫很开心，姜昆武说姜亮夫足足高兴了半年的时间。出于姜亮夫身体状况的考虑，姜亮夫一家人打算带一个保健医生随去，可是医生不同意。于是姜昆武开始了与医生的谈判，但是医生出于对姜亮夫身体的考虑还是不同意。姜昆武思来想去，最后还是放弃了让姜亮夫回一趟云南的计划。陶秋英和姜昆武一起给姜亮夫做工作，偷闲找空地谈了半年，姜亮夫也想通了，最后理智地选择不回家乡，没能再到家乡看一看也成为姜亮夫的一个遗憾。

姜亮夫在1984年的时候就写了《我念系中的故乡》一文，这是姜亮夫定居于杭州30多年后写的文章，文中姜亮夫回忆了家乡生活的小事，还有家乡的许多难忘的盛景。姜亮夫说："我离家乡三十年，匆匆老之已至，教学、著述之余，更加怀念我生活于斯，徘徊于斯，勤学于斯的故乡。"

第六章　“海内存知己，天涯若比邻”

唐代高适曾有诗赠友人曰：“莫愁前路无知己，天下谁人不识君。”我想放在姜亮夫身上也适用，姜亮夫一生交游广泛，可谓天下无人不识君。他所交之友都是大师级的人物，通过他们之间的交往故事对我们也会有所启发。

姜亮夫一向交游广泛，在民国十七年（1928年）开始撰写《师友新语》一书，欲打算记录老师、朋友的事迹，以传遗诸友，下及子孙。甚为可惜的是此书只存十几页纸和接近300则细则，不能得以见到姜亮夫自己对师友的叙述了。姜亮夫乐于交友的做法对他的帮助很大。姜亮夫从1927年离开清华南下，先后在南通、无锡、上海、广州、河南、西安、四川、云南等地任教、游历，并到巴黎留学，游览了欧洲的伦敦、柏林、莫斯科等地，不仅学问上大大长进，扩大了研究面，而且也结识了很多朋友。姜亮夫不仅在国内有众多的莫逆之交，而且还有很多外国朋友，像他与马伯乐、伯希和、戴密微、叶慈、翟理斯等英国、法国汉学家结识，与日本的神田喜一也相识。不管是国内还是国外的这些朋友有的对姜亮夫的学术研究产生了影响，有的与姜亮夫某些思想相关，有的从生活上改变、帮助了姜亮夫。姜亮夫所交往的师友可谓都是当时的中国文化名流，所以从姜亮夫的师友渊源中我们得以窥见一代大师是怎样扩充自己的研究领域、怎样深入研究的。

与“疯子”之交二三事

章太炎先生和姜亮夫的渊源可以追溯到姜亮夫清华入学考试时。清华入学考试，王国维先生出的“小学”题，姜亮夫都是用章太炎先生的观点来回答的，因为早在考试之前，姜亮夫就把《章氏丛书》反复精读了，并有一些心得。章太炎先生最早知道姜亮夫的名字是因《国学商兑》（后改为《国学论衡》）上刊登的姜亮夫的七八篇学术研究论文。姜亮夫和章太炎先生的真正相识是在1931年，当时苏州公园有个学术演讲会，邀请章太炎先生、陈石遗先生、唐文治先生等人来讲学，而姜亮夫也被邀请去讲《易经》，于是在演讲会上认识了章太炎先生。1934年在云南老乡李根源的介绍下，姜亮夫正式成为章太炎先生的学生。于是在章太炎先生的指导下，姜亮夫的学术道路上又开辟了一片新的天地。

章太炎先生当时住在上海同孚路同福里，所以姜亮夫回上海后经常到同福里拜访章先生，章先生成为姜亮夫学术道路上至关重要的一盏指明灯。他曾说："太炎先生教益，使我一生受用无穷，使我一生不敢稍怠。"章先生和姜亮夫的谈话大部分都是有关于学术的。章太炎先生知道姜亮夫曾跟随王国维先生研究甲骨文，于是就对姜亮夫讲了一段他对甲骨文的看法："我对甲骨文来源不大相信。其实我们搞语言文字的人，把《说文》好好读过，再加上殷周青铜器上的金文已经够用，不必再钻研不可靠的东西。如吃肉不食马肝，不能说不知肉味。""这个学问对国家民族有什么用？要酌。"姜亮夫是明白章太炎先生话的意思的：搞文字学的人不搞甲骨文，未必就说不算搞文字，最重要的是要"学以致用"，而且学问本身真假分不清楚，要懂得辨别。但是，姜亮夫并没有遵照章太炎先生不要研究甲骨文的意见去做，而是依然执着于甲骨文的研究，所以到最后章先生还是说了甲骨文可以研究，但是人的精力有限，历史上还有许多东西还有待于研究，希望姜亮夫把精力放在研究历史上。姜亮夫对待老师们的指导一般都是采取围绕着先生们的教导，走自己愿意走的路的办法。姜亮夫继承了章太炎先生的核心思想——学以致用，姜亮夫后来从事的敦煌学研究就是做了对国家对民族极为有用的事情，就是做到了“学以致用”。

姜亮夫之前学习的知识主要是音韵、训诂、文字等，而入章太炎先生门下之后，受到的他对姜亮夫如何研究历史的指导颇多，姜亮夫对历史的研究开始扩大、加深了。章太炎先生认为每种学问都包含着民族成就，历史是包含民族的基本精神所在，希望姜亮夫多读些历史书，历史中所有民族文化中好的东西都要求读，这是要发挥历史上有道德有学问的人的长处。章太炎先生还指导姜亮夫如何学习历史，这是很重要的，让他从杜佑《通典》入手，用此书综合贯穿历代全部史迹及制度文史，作为治国学的基础，后根据自己的兴趣，专治一二门。章先生预计到以后读政治、军事学科的人会增多，而留心国族命脉的人会减少，所以看到姜亮夫爱好学习历史，关心国家命运很高兴，并告诉姜亮夫：以《通典》参《日知录》则可以不失种性。章先生还进一步具体指导姜亮夫怎样学习历史。那时候姜亮夫差不多看完了除《元史》之外的“二十四史”了，章太炎先生就对姜亮夫说：“廿四史应看，但系统不一定很严密，看过，不一定关于某学问就有了系统，我希望你先读《通典》，以此书为基础，然后回头看看先秦经籍，先秦经籍都读过，再读前后汉书，两唐史不能不看，明史一定要看，至于元史，我看新元史好一点，清史常常自己打嘴巴，读清史要注意清代的避讳，修史人不敢说真话。”章先生对姜亮夫这种具体指导使得姜亮夫获益良多，对在学术研究上进行深入探索的帮助很大。

章太炎先生对姜亮夫的影响不仅仅是在做学问上，而且在为人处世方面也有影响。章太炎先生有个伟大的地方，就是一个人只要有一种专门的长处，他就看得起，把贩夫走卒和达官贵人一样对待。在师徒二人的相处中，姜亮夫观察到章先生对人的态度是：对人总是感情丰富，事理明白、是非分明、恩怨有准。对此姜亮夫不仅深有感触，而且这也影响到他对待他人的态度。有一件小事令姜亮夫直到50多年后回忆起来还是难以忘怀。1933年暑假，姜亮夫到苏州的章先生家请安，将要到的时候忽然下起大雨，当时的雨声很大，姜亮夫轻声敲门怕听不见，重声敲门怕惊动章先生，于是姜亮夫勉强到石库门下躲雨，待雨停后才敲门。进入屋内后，章先生从楼上下来，见到姜亮夫很高兴。章先生一下就看到姜亮夫放在桌上的帽子在滴水，就起身抚摸姜亮夫的肩背，忽然转身上楼，几分钟后拿着一件马褂下楼来，走到姜亮夫的面前说把湿衣服换下来，让家人去烘干，并把马褂给姜亮夫穿。并且告诫当时还未成家的姜亮夫，出门在外，一切事情都要当心。姜亮夫听了这几句话后就不自觉地流出眼泪来，当时姜亮夫离家已经近20年，没有一个像章先生这样如此体贴过他的人。后来章先生还对姜亮夫说：“我盼望你走学者的路，而身体是你自己前途最大的基础。出门应该看天气，特别是出远门的人。”章先生的这几句话使在外漂流多年的姜亮夫感到莫大的幸福。哪怕到了60年后，姜亮夫在《思师录》中还说：章先生好像父母爱惜儿女的心情，“至今六十余年，每一思及，尚不知泪之何从！”章先生对学生的关心，也深深地影响到一生都在从事教育事业的姜亮夫，姜亮夫对待学生也是极为负责任，对学生的关心不仅仅局限在学习上，学生在生活上、人生上的问题姜亮夫都会给予帮助。

章太炎先生与姜亮夫相处的时间并没有很长，从相识到姜亮夫去巴黎为止也不过三四年的时间，但是这三四年却是影响姜亮夫人生治学的关键时期。中国近代学术受章太炎先生的影响很大，因此姜亮夫也是很受其影响的，尤其是章先生对姜亮夫的很多指导成为其学海明灯。章先生说：“读书和闹革命是不同的。闹革命开始要有一股热忱，读书自然也要有一股热忱，但革命热忱是爆发性的，爆发后不回头；读书的热忱是咀嚼性的，要细细地体会比较。”这段教诲深深印在姜亮夫的脑海。1935年姜亮夫要到欧洲去，出发前先去苏州与章太炎先生告别，章太炎先生就为姜亮夫举行家宴送行，临别时章先生对姜亮夫讲了一段话，这段话成为二人最后的谈话。章先生说：“你去一定要和欧洲学术界人接触，人家学术上的长处要学习，但切不要指望着得点什么功名回报父兄师友，古今成大学问、大事业的人，没有哪个从功名里出来的。”姜亮夫一生从事学术研究也是紧紧按照章先生的教诲去做的，姜亮夫在国外与当时欧洲学术界的马伯乐、伯希和、戴密微、叶慈、翟理斯等英国、法国汉学家结识，并且从外国的研究法中得到很大的启示。姜亮夫一生都是实实在在做学问，并没有去追求什么功名利禄之类的，这是真正的尊师教。

章先生曾在1934年送姜亮夫一副楹联：“多智而择，博学而算；上通不困，幽居不淫。”并对姜亮夫说：“亮夫，我老老实实对你说，你的毛病恐怕在‘博学不算’，你什么都要读，不计算自己有多少精力，‘多智’应有选择，做学问，不要不加选择。将来发迹上通，不要为上通大官而困扰，也要做到不做大官做平民百姓也不乱，穷则乱嘛。”章先生的话正好切中了姜亮夫的毛病，于是姜亮夫当时就立刻跪下去叩头，姜亮夫真的是做到了“永不忘先生的教诲”，无论是身处逆境还是顺境，姜亮夫都是宠辱不惊。

1936年还身在欧洲的姜亮夫从《申报》上看到章太炎先生去世的噩耗，姜亮夫悲痛而哭泣，不食不眠两天。后来24卷的《瀛涯敦煌韵辑》完稿后，姜亮夫在书的扉页上写道：“以此纪念先师章太炎先生。”在抗战期间，姜亮夫曾编写过章太炎、王国维、梁启超、廖季平四位先生的《四先生合谱》，主要是以章太炎先生和王国维先生为基础的。在《四先生合谱》中姜亮夫收入了章太炎先生的《自定年谱》并为其疏证补缺，章太炎先生年谱五十五岁以后的全部出自姜亮夫之手，足以看出章太炎先生在姜亮夫的学术道路上起过的重要作用。

从偶然相识到证婚人

金松岑原名懋基，又名天翮、天羽，又号天放楼主人，江苏省吴江人，清末民初国学大师。还曾经办过学校，后来其中许多曾经受过金先生教诲的学生成长为各界的精英，如柳亚子、王佩诤、潘光旦、费孝通等。曾担任江南水利局局长，治理太湖、淮河都有成果。金先生还曾参与《新纂云南通志》的编纂，云南通志馆为避讳人物志的编写，特聘金松岑为专纂，在纂修者名单中署名为金天羽。

姜亮夫和金先生的相识很偶然。姜亮夫的朋友王以中的婚礼上，早已相识的姜亮夫和陶秋英为男女傧相，正好金先生来参加婚礼。金先生问姜亮夫女傧相是谁，姜亮夫说："你学生的女儿。"金先生有些惊讶，姜亮夫接着说："她是陶神州的女儿。"金先生听了之后没有再说什么。于是二位先生就这样认识了，金先生随即约姜亮夫第二天晚上到家里吃饭。姜亮夫准时赴约，二人在金先生的书房中对面而坐，金先生准备了丰盛的饭菜，饭桌上二位先生谈论的是《史记》《汉书》谁优谁劣的问题。姜亮夫偏向于《汉书》优。姜亮夫认为司马迁写《史记》的时候心中有些作气，这股“气”贯穿在文章中，使文章显得有些不自然；班固的《汉书》把气话都删掉了，从《汉书》可以看出改动《史记》的痕迹。而金先生正是喜欢司马迁那股“气”，金先生认为有了那股“气”说出话来使人毛骨悚然；而且金先生说不能怪司马迁，司马迁是受过腐刑的人，所以诗、文中带有一点杀气。听了金先生的话之后，姜亮夫很是佩服金先生的见解。从此以后二人的来往多起来，当时章太炎先生、李根源先生也住在苏州，所以姜亮夫几乎每周都会去苏州，姜亮夫每次到苏州都会去看望金先生。

金先生能文能诗，一生不仅书读得多，而且著作也多，有《天放楼文集》《天放楼诗集》，还有谈当时政治，批评当时政局的《天放楼政论集》，治理太湖、淮河的书籍等。金先生写好的文章，姜亮夫常常有机会看到；金先生也会把自己的想法和姜亮夫交流，比如金先生想写一部《金史》，就和姜亮夫说《宋史》已经有人在搞了，就不写了，他姓金，写《金史》比较好。金先生的风趣让姜亮夫记忆深刻。金先生除了和姜亮夫谈论学术、国学问题之外，对姜亮夫的最大帮助莫过于姜亮夫和陶秋英的婚姻问题了。

金先生对姜亮夫的婚姻问题很关心。当时，陶秋英已经订婚，对方是位大地主的儿子，陶秋英很看不惯对方的公子哥习气，想要退婚，但是陶父坚决不同意。因为陶秋英的父亲陶神州是金先生的学生，所以姜亮夫和陶秋英商量请金先生出面帮着从中调解。金先生了解了情况之后，立即写了一封长信开导陶父，结果陶父根本没有理会。金先生告诉姜亮夫要有思想准备，因为姜亮夫这位“岳父”是不好相处的。后来事情的演变果然如金先生预言的那样：最后经过陶秋英长达九年的抗婚，对方终于退婚了，但是按照陶家的家规，退婚的女儿终身不可以再嫁，要在家侍候父母一辈子。姜亮夫和陶秋英还是没能结婚。直到1938年8月28日，姜亮夫和陶秋英终于决定结婚，结束了长达十年的恋爱。姜亮夫和陶秋英结婚证书上的介绍人写着：金松岑、刘节。二位先生还盖上了自己的私章。金先生送新婚夫妇的结婚礼物是请他学生画的双燕大海飞翔图，下面还有金先生的一首诗。

謹定於民國二十七年八月二十八日
二時在上海威海衛路中社舉行結婚
敬請
台光
陶秋英
姜寅清

姜亮夫和陶秋英的结婚证书（左图）、结婚请柬（右图）

抗战期间，金松岑先生在上海、苏州间奔波，经济很困难，当时内政部一位云南籍的周老先生介绍四位云南大商人，请金先生替他们的父母各写一块墓志铭。文章写好后寄给周老先生，但是报酬的问题一直没有下文，金先生就请姜亮夫写信给周老先生，姜亮夫写了两封信才有回音，周老先生说他没有收到钱，姜亮夫写了第三封信，结果还是石沉大海。当时姜亮夫虽为云南教育厅厅长，但云南经济处在困难中，姜亮夫的工资很少，还要养活一家三口，还要应酬，也是入不敷出，所以也没有能力接济金先生。后来姜亮夫得知金先生几乎顿顿喝稀饭过日子，最后几乎是瘦死、饿死的，所以姜亮夫感到很内疚。姜亮夫觉得自己既没有帮金先生要到写墓志铭的钱，也没有从自己的工资中拿钱接济金先生，所以姜亮夫回忆起这件事时说："松岑先生是我一生中最对不起的先生，直到现在我一想起他，心中就有一阵隐痛。"

国学大师遇到国学巨匠

张宗祥，名思曾，字阆声，号冷僧，别署铁如意馆主。清代的举人，曾经任浙江省教育厅厅长、浙江图书馆馆长、西泠印社第三任社长等职。张宗祥先生还组织了在北京举行的史称"癸亥补抄"的第三次补抄《文澜阁四库全书》，抗战期间还担任《文澜阁四库全书》保管委员会委员，对该书在抗战中安全转移和胜利后运回杭州出力不少。张宗祥先生擅长书法、绘画、考古、古籍校勘、目录学、写小说、中医学等，是一位多才多艺的国学巨匠。二位世纪学人的相识也是颇有缘分的。

二位先生早就互知对方的姓名，而且姜亮夫很早就读过一些张宗祥先生的书，但张宗祥先生与姜亮夫第一次见面是在浙江省一次学术会议上。初次见面，张先生就对姜亮夫说他气色不大好，还说从气色看，可能病根很深，提醒姜亮夫赶紧诊治。姜亮夫当时确实身体很弱，由于过度劳累曾多次便血，而且只能以半流质的龙须面度日。张先生与姜亮夫是第一次见面，也没给姜亮夫把过脉，所以姜亮夫一下就知道张先生医术高明。开完会后，他们一起走出来，张先生知道姜亮夫的眼睛不好，所以下楼梯、下台阶，张先生都是牵着姜亮夫的手走，边走还边说让姜亮夫抽空到张家给把一下脉。后来姜亮夫果然去了张先生家，张先生在给姜亮夫号过脉之后就找出姜亮夫的病根来，在张先生配的中药调养下，姜亮夫的身体渐渐恢复了，姜亮夫自己说："我从五十多岁以后还能活三十多年，说不定还得活下去，这是张先生给我最大的帮助。"姜亮夫果然活到90多岁，可见张先生的医术高明。由看病开始，姜亮夫到张先生家里的次数慢慢多起来，所以姜亮夫很清楚张先生在写什么书、做什么研究。

姜亮夫看到张宗祥先生的第一本书是其整理的《洛阳伽蓝记》。这本书的原刻本错讹较多，而要校这本书既要懂佛教经典，还要懂佛教艺术，二者兼备的人很少。姜亮夫读了张先生校的书后很是敬重张先生。姜亮夫读的张先生的第二本书是整理的陶宗仪的《说郛》。张先生用多个版本合校。其各个本子字词的取舍这是很考功底的，需要广博的知识、严谨的学风、科学的论证，最后才能得出结论。姜亮夫说这本书是读书人必须要读的。姜亮夫看的张先生的第三本书是其整理的黄宗羲的《明文海》。张宗祥先生在整理这本书时，还常常与姜先生在一起商讨，哪些东西可以补充，哪些东西应该补充，哪些东西不应该补，都讨论得很详细。后来姜亮夫做了杭州大学古籍所所长，第一个想法就是想印张先生这本书，但是一直没有成行，我们到现在也未能见到张先生整理的《明文海》。

张先生还提出想和姜亮夫一起搞大、小戴《礼记》，把大、小戴《礼记》合抄在一起。但是张先生考虑到姜亮夫的眼睛问题，担心会再损害姜亮夫的眼睛，于是张先生放弃了二人的合作，改为自己抄书。《大小戴礼记合纂》是张先生的最后一部著作，姜亮夫一直想把这本书印出来，可是未能如愿，我们至今也没有见到张先生的这本书的出版。

张宗祥先生的学问、人品都很高，是姜亮夫一生中难以忘记的一位先生，是姜亮夫的《师友新语》中重点回忆的一位，张先生的许多著作都没有出版，成为姜亮夫生前的心头事。张宗祥先生的《交游录》中姜亮夫的名字亦赫然在列，说自己晚年时姜亮夫常常到张家论学。可见二位先生的交情甚好，在各自的著作中互有提及交往之事。二位先生都是国学大师，他们的论学碰撞出来的思想的火花推动了中国学术的前进。

他乡遇故知

王重民是一位文献学家、目录学家、版本学家、敦煌学家。

姜亮夫和王重民先生认识较早，王先生在写毕业论文《老子考》的时候，姜亮夫把自己所了解的有关老子的书籍介绍给王先生，从这开始他们就认识了。后来姜亮夫到巴黎学习考古的时候，遇到的第一个友人就是王重民先生。

王先生知道姜亮夫到法国是来学习考古学的，就告诉姜亮夫在法国学考古学的艰难，既要懂大量的法国历史及欧洲历史，又要懂多种文字、语言；接着王先生告诉姜亮夫：我国许多敦煌卷子流散在欧洲，这是我国的国宝，他和向达先生正在把欧洲的敦煌卷子用照片拍下来带回国内，工作量极大，他们两个人力量不够，希望姜亮夫加入他们的队伍。姜亮夫当时考虑到自己是靠个人教书、写书积攒下的一点钱到巴黎的，而王重民先生和向达先生是公费出国的，自己怎样能做这样大的工作呢？王先生说可以选择几项来做。姜亮夫当天回去就反复思考，想到王先生告诉他敦煌卷子在欧洲各大图书馆、博物馆的情况，他觉得这原本就是中国的文物，国人也应该看到这些在国外的宝贵文物。第二天姜亮夫就告诉王先生，决定参加他们的工作，并说他选择两项：一是中国语言学，二是儒家经典。王重民先生和向达先生都很赞成，王先生说正好语言和儒家经典是他们所未列入计划的。就这样姜亮夫开始了在巴黎国民图书馆看敦煌卷子，每天王先生给姜亮夫送来所需要的卷子，从三件到十件不等。姜亮夫从此走上了敦煌学研究之路，成为终身所从事的事业之一。

看敦煌卷子有时候需要用到参考书，当时姜亮夫身上只带有一本小字影印本的《十三经注疏》以及一本《广韵》，其他需要用到的参考书都是王重民先生帮姜亮夫解决的，从此王先生和姜亮夫的友谊越来越深，后来王重民先生和刘修业女士这一对极其恩爱的夫妻的婚姻也是姜亮夫促成的。姜亮夫认为刘修业女士是一位真正学术上的人，内心美胜过外表美。后来事实证明姜亮夫的判断是对的：王先生在“文革”中遭受一系列迫害，于1976年含冤自杀后，

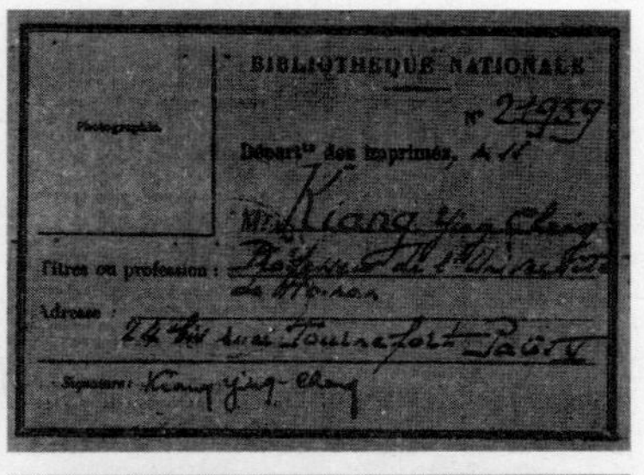
BIBLIOTHEQUE NATIONALE
Photographie
Départ^ts des imprimés
Titres ou profession :
Adresse :
Signature :

Photographie obligatoire
FACULTÉ DES LETTRES

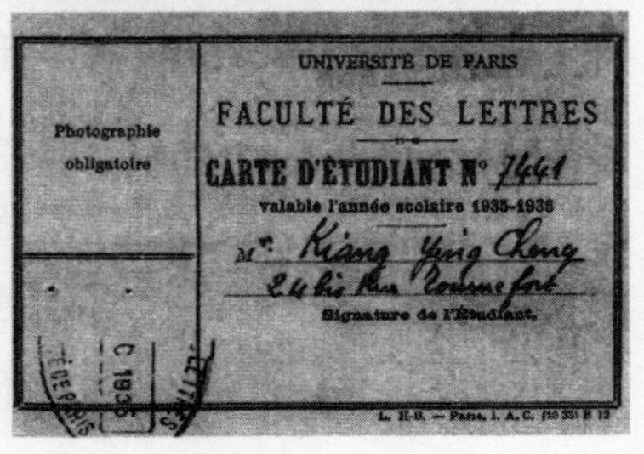
UNIVERSITÉ DE PARIS
Photographie obligatoire
FACULTÉ DES LETTRES
CARTE D'ÉTUDIANT N° 7441
valable l'année scolaire 1935-1936
Mr Kiang Ying Cheng
24 bis Rue Tournefort
Signature de l'Étudiant

姜亮夫从法国带回的学生证和借书证

刘女士就一直在整理王先生的所有遗稿，姜亮夫评价说刘女士是一位很难得的女性。王先生夫妇二人不仅在巴黎看敦煌卷子，而且还到罗马、柏林等地寻访书籍。后来王先生接受美国国会图书馆编目的工作，大量阅读馆内所藏的中国书籍，并收录他所认为应该收录的书的目录、叙录，甚至将题跋带回国。在姜亮夫要离开巴黎的时候，王先生交给他四百多张敦煌卷子的片子，姜亮夫回国后交给北京图书馆。后来王先生写信给姜亮夫，感谢姜亮夫把片子平安带回国，如果是别人可能就被日本宪兵搜查去了。王先生和姜亮夫的感情一直很好。

为了敦煌国宝他们在海外并肩奋斗

向达，字觉明，历史学家，敦煌学家，中西交通史、中国民族史专家。毕业于南京高等师范学校（后改名东南大学）。向达先生的著作很多，影响最大的是《唐代长安与西域文明考》，还翻译了斯坦因的《西域考古游记》，还写有一本《中西交通史》。向达先生精通英语，还懂得梵文等古文字，于是1935年秋向达先生远赴欧洲，访求中西交通史、敦煌卷子等重要资料，后来辑为《敦煌别录》一书。1930年起向达先生担任北平图书馆编纂委员会委员，就在这工作的时候和姜亮夫相识了。姜亮夫在北京图书馆看书遇到看不懂的问题的时候，常常向向先生请教，所以二人在国内的时候就已经很熟悉了。

1936年9月至1937年8月，向先生开始在英国大不列颠博物院阅读英国人斯坦因窃去的敦煌卷子。因为英国那里的主管人詹尔斯博士的刁难、坑人，所以向达先生看的卷子很少。当向达先生获知姜亮夫加入做敦煌卷子的工作后，就在伦敦给姜亮夫写信说明这个情况，要姜亮夫来伦敦看敦煌卷子前先做好一个准备，最好先找伯希和写个介绍信，再来看的话会一切顺利。于是姜亮夫找到伯希和写了一封介绍信给詹尔斯，当姜亮夫到伦敦看敦煌卷子的时候，姜亮夫要看多少卷詹尔斯就给看多少卷，这是多亏了向达先生的提示。对这件事向达先生很是感慨："我们国家的影响力量还远不及学术界私人的力量，我一天坐在这里他只给我看四卷，这点数量是不够我看的，但詹尔斯多一卷也不肯给。因此你尽量向他多要几卷，我来帮着看。"因此姜亮夫和向先生在伦敦大不列颠博物馆看敦煌卷子时非常合作，姜亮夫每天要十卷，姜亮夫只看其中有关的两卷，其余的都给向先生看。但是，由于姜亮夫出国时候带的钱不多，在伦敦人生地不熟，吃住都很贵，所以姜亮夫在伦敦住了不到两个月就返回巴黎了。姜亮夫在离开伦敦的时候把那里的敦煌卷子凡是他需要的大体都得到了，而且还意外收获到詹尔斯送的有关敦煌卷子中有名字可考的材料的文章。姜亮夫把这些文章翻译出来附在《莫高窟年表》后面，但是很可惜的是，这些文章在要出版的时候被出版社的人全部删掉了，这件事成了姜亮夫一辈子最感伤的事之一。向达先生知道这件事之后也是非常的愤恨。

抗战时期知识分子们向西南撤退，重庆政府组织了“国立敦煌艺术研究所设计委员”，姜亮夫和王重民先生、向达先生都是委员会成员，当时他们准备去敦煌，一切准备就绪后，姜亮夫由于妻子陶秋英刚刚诞下女儿，陶秋英的健康受到很大损害，姜亮夫没办法不照顾妻女，就没能去成敦煌。向达先生去了敦煌之后颇有收获，回来之后写了很多文章，向先生每每写好文章都会给姜亮夫一份。后来当二人都在昆明的时候，姜亮夫经常到向先生的住处聊天，姜亮夫把自己写的有关敦煌学的文章也请向先生帮着看，有不对的地方，向先生也会爽快地告诉姜亮夫，有意见不一致的地方，二人就辩论，谁对就听谁的。

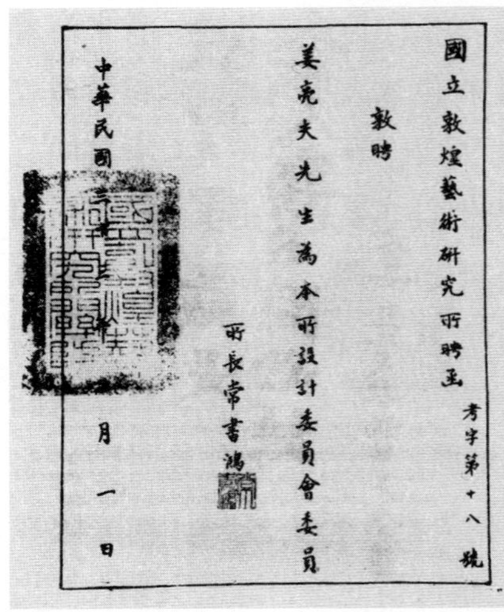

國立敦煌藝術研究所聘函　考字第十八號

敦聘

姜亮夫先生為本所設計委員會委員

所長常書鴻

中華民國 [illegible] 月 一 日

1944 年敦煌艺术研究所所长常书鸿先生聘请姜亮夫为“国立敦煌艺术研究所设计委员会委员”的聘函

向达先生在“文革”期间遭受迫害，被划为中国少数民族著名六大右派分子之一，于1966年因病逝世。姜亮夫得知失去了一位忠诚坚贞的好朋友非常感伤。姜亮夫非常尊敬向先生，向先生一生从不虚伪，有许多美好品德。向先生去世后，姜亮夫一直很关心整理向达先生全集这件事，听说向先生的弟子在整理，但这件事姜亮夫一直没有得到证实，所以姜亮夫很记挂。而我们至今也没有见到向达先生的全集的问世。

书店结友情

姜亮夫和闻一多先生是在新民书店认识的。1937年抗战爆发后，清华、北大、南开大学开始南迁，先迁至湖南长沙，组成长沙临时大学；1938年4月又开始西迁昆明。在清华任教的闻一多先生跟随学校到达长沙后约了几个学生，从长沙一步一步走到昆明，这是闻先生爱国热情的起始。闻先生在昆明的生活很艰苦，朋友们想办法让闻先生在西南联大任教，并在昆华一中兼课。昆华一中给闻先生一个住房，离云大不远，于是姜亮夫常常到闻先生的住处看望他。

那时的闻先生对中国的旧典籍下的功夫很大。二位先生闲谈的时候，常常因为个人的历史见解不同，结论也就不同。1945年6月14日，是农历端午节。晚上，在云南大学至公堂举办了诗人节纪念晚会，姜亮夫和闻先生先后做了专题演讲。二位先生在会上评论屈原就是两种不同的观点。姜亮夫说屈原是道家和儒家的混合，而闻先生说屈原是弄臣，但屈原是爱国的。会后，闻先生对姜亮夫说第二天去吃“奖茶”。“奖茶”是云南的一个风俗，两个人吵嘴了，就到茶馆里去，当众讲出自己的观点，请喝茶的人评论谁对谁错，输了的人要付茶馆里所有喝茶人的茶钱。争论学术问题归争论，二位先生的感情还是很好的。

闻先生在美国学的是文艺，因此他对外国文艺有很深的造诣，对外国的研究方法也掌握了很多，闻先生的很多言论不为当时学术界的人所接受。但是姜亮夫却同闻先生很谈得来，姜亮夫自己也有许多怪论，所以他们二人常常为了谈怪论而聚在一起，往往是闻先生说闻先生自己的，姜亮夫说姜亮夫自己的。

那时姜亮夫、闻一多先生、罗隆基、潘光旦、潘大逵等人常常在李公朴先生家里开会。国民党特务早早就盯上这伙人了。1946年7月，李公朴、闻一多先后被国民党特务暗杀，制造了“李闻惨案”。姜亮夫也是被盯梢的对象，幸得卢汉的帮助才得以脱险离开昆明。

闻一多先生是一位爱国主义者，抗战的八年中，他开始留胡子，发誓不取得抗战的胜利不剃去，表示了抗战到底的决心。闻一多先生也是一位民主战士。在他遇难后，大家为了纪念他，在西南联大立了一块由冯友兰先生写的纪念碑。

结识一个有“力”的人

刘半农，名复，以字行，江苏江阴人。著名文学家、语言学家。

民国十五年（1926年）姜亮夫正和几个朋友在中央公园来今雨轩饮冰，姜亮夫的一个朋友指着一个黑黑矮矮的人告诉他那是刘半农。这是姜亮夫第一次见到刘先生。后来在一个朋友婚宴上，姜亮夫与刘先生同坐一席，姜亮夫觉得，刘先生是个有“力”的人，说话最多且具有幽默意味。

二人相识之后，刘半农先生还曾介绍姜亮夫到女师大任教，只是由于当时南京国民政府成立，北方学生纷纷南下，姜亮夫就接受了另一份去南通中学任教的工作。

1932年姜亮夫有一天要去拜访陈寅恪先生，在走道的柳荫下，遇到刘先生，相隔多年，虽然刘先生老了许多，但是刘先生的那种“力”不曾减少。后来刘先生写了些关于社会的打油诗，姜亮夫和郭绍虞先生谈起刘先生的打油诗，表示对这些写的“太衰弱”的打油诗有些不满，想写信劝说刘先生应该专注于声韵学和中国文法的研究，但却没写。

1934年刘半农先生前往内蒙古等地实地调查方言音调和声调，但在考察途中，刘先生遭到昆虫的叮咬，不幸传染上致命的回归热，因而丧命。刘先生去世后，社会上对此事很不关心，《青年界》便要出个专号纪念，邀姜亮夫写篇文章。于是姜亮夫写下《悼刘半农先生并介绍〈四声实验录〉》，谈他与刘先生相识，以及误会刘先生写的嘲弄人间的打油诗的事情，并对刘先生去世一事，社会的不关心，政府的不管不问表示不满。姜亮夫感叹道：“真叫人有‘不幸生而为中国学者’之感。而以刘先生的事证之，又不禁令人为刘先生抱屈，有‘不幸生而为男’之感。”更重要的是姜亮夫介绍了刘先生的《四声实验录》。姜亮夫说，刘先生这部《四声实验录》对四声在音上的解释“尚未见周圆之说之时，用了实验的方法，加以研究，而记录得有相当的结果的著作”。姜亮夫对刘先生的去世感到惋惜，认为还有许多工作等待着刘先生完成，我们的国家也需要像刘先生这样有“力”的人来拯救。

与“狂人”之交

姜亮夫还在北京求学的时候，正是青年们对鲁迅先生仰望日增的时候。姜亮夫虽然是学古典文学的，但也爱好看《新青年》《语丝》等杂志，因而也非常敬重鲁迅先生。当时的北京，各个大学的课堂多半是开放式的，不论是谁都可以入座听讲，姜亮夫就这样认识了许多名家，鲁迅先生也不例外，姜亮夫曾去听过他几堂课。后来姜亮夫到上海教书，正好鲁迅先生从广州到了上海，这才算是正式见了面。鲁迅先生对姜亮夫很好，由于姜亮夫对鲁迅先生的崇敬，有时在相遇的时候，姜亮夫显得有点迂，鲁迅先生便叫姜亮夫“夫子”，这虽是有些调侃意味，但却没有一丝的轻蔑。

姜亮夫读过鲁迅先生用文言文写成的小说，也读过鲁迅先生的诗以及《嵇康集》校本，姜亮夫认为鲁迅先生对文言训诂之学造诣甚深。所以姜亮夫对于鲁迅先生能为新文化运动摇旗呐喊，是能解读出原因的，认为鲁迅先生“对于旧文化的批判之所以能切中要害，卓有成就，原因之一就在于他有广博的学识，既有能力破旧，也有能力创新。这种根柢之学绝非空喊几句批判口号的人可比，而这种深厚的学问根柢正来源于他学习的勤苦精神”。

姜亮夫和鲁迅先生还都同为章太炎先生门下弟子，所以关系就格外亲近一些。当时鲁迅先生经常出入内山书店，去了之后就在书柜后的房中和内山先生聊天，一般人是不知道鲁迅先生在里面的。姜亮夫也时常去那里，书店里的人知道姜亮夫和鲁迅先生的关系不错，因而姜亮夫也常进去和鲁迅先生聊几句。令姜亮夫印象深刻的一次是，姜亮夫从时代书店出来到内山书店，恰好鲁迅先生在。鲁迅先生听姜亮夫说了刚从时代书店出来，就感慨道：“时代不是个时代啊！”姜亮夫起先没听懂，后来才恍然大悟，鲁迅先生听到“时代”这个词才感叹那个不像样的时代。鲁迅先生的这种爱国精神对同样具有爱国思想的姜亮夫触动很大。

姜亮夫于1929年受陈桂的邀请任大夏大学主讲，这个学校的进步力量和反动力量的斗争很激烈。1930年有人想邀请鲁迅先生来学校演讲，于是就托姜亮夫去请。姜亮夫本以为鲁迅先生不一定会来做演讲，谁知姜亮夫告诉鲁迅先生之后，鲁迅先生欣然同意了。鲁迅先生要大夏大学的人立刻组织文学会，把进步学生组织起来进行斗争。

因为邀请鲁迅先生来演讲，加上和学生一起抗议学校为节省开支而只让学生使用很少的照明设备一事，得罪了学校，故于1930年6月愤而辞职。

与徐悲鸿交往小事

抗战期间，姜亮夫和徐悲鸿先生都住在昆明，二人又都到法国留过学，所以二人关系很好。当时姜亮夫住在云南大学映秋院，徐先生贷款在翠湖南路买了一套房子，于是姜亮夫与家人经常步行到徐先生家看他作画。徐先生曾赠送姜亮夫一幅《双骏图》，一幅《雄鸡图》，一对行书联，并告诉姜亮夫这是他的心情之所寄托。

二人常常在一起讨论关于文物、关于教育的问题。姜亮夫在英国的大不列颠博物馆中看到顾恺之的《女史箴图》，姜亮夫很是吃惊，但又看不出英国的这幅是真的还是假的，后来姜亮夫就同徐悲鸿先生谈这个事情。徐先生从图的绢纸和国画中几何图形的画法判断这幅画不是唐代以后的，加上画的不错，所以画者可能就是吴道子。姜亮夫听了之后觉得徐先生说得对，因此很感伤中国的国宝流落在海外。徐悲鸿先生也是一位爱护祖国文物的人。徐悲鸿先生曾在香港凑旅费什物共计四百元购得一幅画：《八十七神仙卷》，徐先生认为此画为唐人所作的，还在画上每个人物下加盖了“悲鸿生命”的印章。到昆明后，徐先生邀请友人到云南大学的映秋院一起鉴赏这个奇宝。当时都是非挚友不邀的，姜亮夫也在其中，但有两个高官带了孩子。没多久的一个早晨，徐先生狂奔到姜亮夫面前大呼："亮夫，我完了……"话还没说完徐先生就伏在姜亮夫的肩上哭泣，说："那幅画不见了，悲鸿生命休矣！"于是姜亮夫开始帮助徐先生查找此画。姜亮夫找到当时的云南省政府主席龙云，龙云命其副官长追查这幅画的下落。当徐先生到了重庆的时候，龙云说已经找到此画，并查明确实是那两个少年所为。徐先生于是画了一幅骏马图换回《八十七神仙卷》，并打算印制此图让国人一起分享。

徐先生曾说艺术系的学生应该兼学文科各课，理工科也应该学习一些。这与姜亮夫从欧洲回国后就开始提的：每生以一为主系，一为副系，主系习文，副系习理；主系习理，副系习文的教育思想不谋而合。

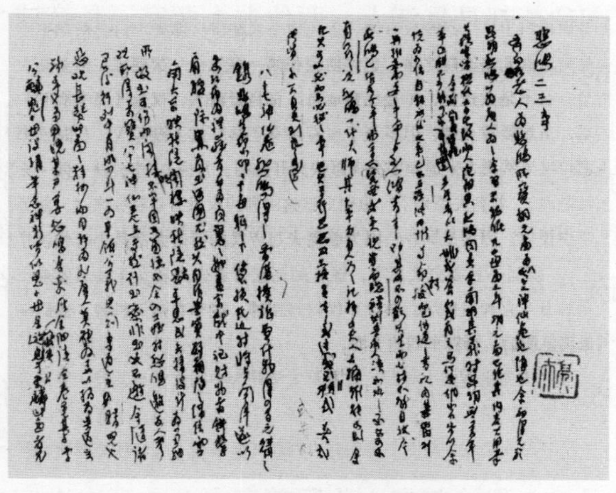

姜亮夫写的《悲鸿二三事》手稿

姜亮夫知道徐悲鸿逝世的事情是在徐先生过世的一年之后，姜亮夫非常伤心，欲哭之不可，于是就自己关在屋子里祭奠徐先生。

患难见真情

刘绍光，药理学家。为北京协和医学院首届毕业生，后又到美国、德国去学习药物学，回国后创办中央药物研究室（后改为中央药物研究所）。刘先生从数理哲学入手研究哲学，后来致力于一元数理论的探索，并取得了突出的成就。刘先生《一元论》曾经送给周总理看，后来《一元论》转到科学院，直到“文革”后才出版。刘先生还是一位有才气的文学家。正是由于刘先生在文学上的根柢，姜亮夫和刘先生成了好朋友。加上刘先生的夫人和姜亮夫的夫人陶秋英都是吴江人，两位夫人两家还是亲戚，朋友加亲戚的关系使得二人的关系更加密切了。

刘先生爱好诗并且善于作诗，刘先生的诗都带有科学性的知识，用科学上的术语入诗。常常作一二百句的长律诗，刘先生的诗都有科学根据，不是文人所能做到的。刘先生爱好买书，有了钱就买书，后来刘先生的个人藏书就有四万多册。

1952年姜亮夫从云南革命大学毕业以后，想住却没有房子，刘先生就腾出一间给姜亮夫住。虽然一家三口挤在小房子里，但终归有人收留姜亮夫。姜亮夫在完成对昆明圆通寺的修复任务之后，又被分配去养豹子，每天都是在提心吊胆中度过的，加上到了晚上姜亮夫又挂念在昭通的母亲，又想着妻子、女儿在上海的生活，这样的日子令姜亮夫身心疲惫，终于因体力不支和精神的折磨而病倒了。姜亮夫在家里睡了五天无人知道，直到刘先生到姜亮夫的住处看望姜亮夫才发现。因为刘先生是医生，知道病情严重，便立刻要姜亮夫进医院检查治疗。姜亮夫不知道该进哪个医院，刘先生又帮姜亮夫联系了昆明最大的昆华医院同意姜亮夫住院。病愈出院后，姜亮夫还是到刘先生家休养、调理。刘先生在姜亮夫困难的时候无私地伸出了援助之手，帮助姜亮夫渡过难关。

刘先生和姜亮夫的友谊甚深，刘先生在上海住的时候，每年都会到杭州一次，而且肯定会去姜亮夫家里叙谈。当姜亮夫的夫人陶秋英过世的时候，给刘先生寄去了讣文，刘先生的夫人写了一封非常哀戚的信安慰姜亮夫，姜亮夫很是感激。姜亮夫称刘先生为“我们科学界中了不起的诗人”。

与马一浮先生的交往

马一浮，名浮，字一浮，浙江绍兴人。国学大师，有“儒释哲一代宗师”之称。精于古代哲学、文学、佛学，还擅长书法、绘画，曾到美国、德国、西班牙、日本留学，懂多种外语。

马一浮先生于1939年在四川乐山的乌尤寺创办复性书院。姜亮夫虽被聘为复性书院的校外讲座，但在复性书院，姜亮夫没能见到马先生。姜亮夫很欣赏复性书院的教学内容并且觉得很重要。复性书院要求学生把《易经》和《道德经》合起来读，叫“合参”，姜亮夫认为，《易经》用刚健的方法讲对比，而老子是用柔和的方法来讲，最后二者殊途同归，这两部书确实是凝结起中国文化最重要的东西。姜亮夫很想和马先生谈一下，但是没有机会见到马先生，姜亮夫就把他的想法告诉了书院的实际主持人贺昌群。后来姜亮夫到了杭州，曾两次去拜访马先生，但都没有见到。有人就告诉姜亮夫，要访到马先生是不容易的，马先生像一座高大的岩山，要爬是爬不上去的。后来姜亮夫终归是见到了马先生，但不及深谈，姜亮夫深以为憾。

抗战时期的同事贺昌群

贺昌群，四川乐山人，著名历史学家，在魏晋南北朝思想史、中西交通史、敦煌学、汉唐历史与文学领域都有建树。曾任浙江大学史地系教授、南京图书馆馆长、中国科学院图书馆馆长等职。

贺昌群先生家在四川，靠近云南地方，因此姜亮夫和他谈话很容易接近。抗战期间，姜亮夫在迁到四川三台的东北大学任教，同时贺昌群先生也在四川三台的东北大学短暂地执教过，所以那时候二人接触稍多。后来姜亮夫去复性书院的时候，就是贺先生接待的，姜亮夫对贺先生谈了自己关于复性书院的“复性”二字的看法和对教学内容“合参”的理解，贺先生很是佩服姜亮夫的见解。

贺先生的学问既宽博又准确，姜亮夫非常敬重他。姜亮夫与贺先生的交情虽然不是很深，但是姜亮夫很佩服贺先生，把贺先生作为可敬的益友，贺先生成为姜亮夫心中念念不忘的一个人。

忘年之交

胡朴安，本名有忭，学名韫玉，字仲明，号朴安，以号行世。安徽泾县溪头村人。著名的文字训诂学家、南社诗人。

1929年姜亮夫到达上海。初到上海的姜亮夫住在由蔡元培、胡朴安等几位先生盖的俭德储蓄会馆，这个会馆是专门接待单身的教育界、银行界的人士住的地方。胡朴安先生在会馆登记本子上发现了姜亮夫的名字，于是胡朴安先生就去看望姜亮夫。姜亮夫后来能在上海立足，与胡朴安先生的全力帮助是分不开的，这成为姜亮夫永生难忘的一件事。

胡先生看望姜亮夫的那天，姜亮夫正在满身大汗地修改自己的《诗骚联绵字考》，胡先生看了之后有些感动。胡先生问姜亮夫工作找得如何，姜亮夫说刚到上海，还没有开始找工作。胡先生见姜亮夫的工作还未定下，于是就推荐姜亮夫去自己任教的持志大学担任古声韵学的教授。对于正处在无工作状态的姜亮夫，能有这样一个好机会，当然就欣然答应了。过了几天胡先生告诉姜亮夫："持志大学一周六课时（两个半天），月薪一百四十元，恐怕不够用，我又替你联系大夏大学，两所大学兼课生活能宽裕一些。"姜亮夫对于胡先生的关心很是感激。就在胡先生看望姜亮夫的那个晚上，大夏大学的中文系主任陈柱尊（陈柱）也来看望姜亮夫，希望姜亮夫去大夏大学教声韵学，每周3课时，另外再教授"国学概论"，也是每周3课时。加上姜亮夫还在北新书局担任编辑，所以姜亮夫那时候的收入很可观，当然这一切与胡朴安先生的帮助分不开。

当时胡朴安先生在三所大学任教，同时还兼任上海铁路局的秘书。上海铁路局的秘书处就在姜亮夫住的俭德储蓄会馆对面，所以两位先生经常见面。胡先生算是姜亮夫的忘年交，虽然胡先生和姜亮夫的年龄相差了足有24岁，但是二人的交情很深厚，而且胡先生的侄子胡道静也是姜亮夫的学生，因此这就更使二人的关系好了。每当胡先生有了新书和新文章一定会送给姜亮夫看，姜亮夫对这位自学成才的胡先生是既敬佩又感激。

一起吃早餐的朋友

吕思勉，字诚之，江苏常州人。我国近代“史学四大家”之一。

姜亮夫虽然同吕思勉先生的交情并不是特别的深，但是相知有素。吕先生常常到上海的北四川路这一带来，姜亮夫在上海的住处是吕先生的必经之处。吃早餐的时候常常在一个广东的小店铺碰面。有一次姜亮夫要了一份鱼松粥，吕先生拿出六个小烧饼，二人对面坐，饼放在中间，服务员送粥的时候，认为吕先生年纪大，就把粥放在吕先生面前，吕先生就说：“古人云‘易食而食’。”吃完饭，算账的时候，姜亮夫付粥钱，要二角二分，而小烧饼只要一角二分，吕先生连忙让店里的伙计还姜亮夫一角，自己补付一角，然后两位先生相视大笑。此后二人常常在粥店里相遇。

姜亮夫很佩服吕先生的学问。吕先生在上海光华大学教书的时候，写了一部《中国文化史》，姜亮夫说：“这部文化史见解比柳诒徵要新、要深，文字要简。”吕先生的学问很坚实，他不以考据来说明问题，而是以内证或是材料自身来说明一个问题，这是吕先生的长处，也是别人所不及的。吕先生写书写文章是第一流的，只是讲课的时候，语言表达差一点。

后来姜亮夫听说大百科全书出版社重印吕思勉先生

的《中国学术史》之后很是高兴。

其他交往

姜亮夫交往的朋友还有很多，比如深得国学大师唐文治先生器重的史学家陈柱尊（陈柱），与姜亮夫为大夏大学中文系的同事。

著名的现代诗人、散文家徐志摩先生和姜亮夫也曾是大夏大学的同事，加上姜亮夫是梁启超先生的学生，徐志摩先生也是梁启超先生的入室弟子，因此二人的感情比较好。

钱基博先生也是姜亮夫很要好的朋友，而且钱先生的儿子和姜亮夫的关系也不一般。钱先生的长子钱钟汉是姜亮夫的学生；二子钱钟书对姜亮夫很客气，因为哥哥的关系，钱钟书总是称姜亮夫为先生。姜亮夫曾回忆到和钱钟书的第一次见面，钱钟书见到姜亮夫就风趣地说："我今天是杨虎拜见孔子。"杨虎是鲁国的下人，钱先生称姜亮夫为孔子，这让姜亮夫无言以对。姜亮夫是很看重钱钟书的。

任教于大夏大学的近代文学家、学者孙德谦先生，精研经史，书法功力极深。孙先生是王国维先生的三位好友之一，因此作为王国维学生的姜亮夫到大夏大学教书时拜访的第一个人就是孙先生。孙先生对姜亮夫极好，多次让姜亮夫代课。孙先生还送给姜亮夫颇有学术价值的

《古书校读法》。姜亮夫在大夏大学因邀请鲁迅先生演讲而得罪学校，孙先生向学校介绍姜亮夫的情况，帮姜亮夫说了不少好话。

近代著名的藏书家、学者徐乃昌先生与姜亮夫也有交情。徐先生对学人十分热情，每次姜亮夫去徐先生那里看书，徐先生总是盛情款待，不仅借给书看，而且还供应饭菜。姜亮夫去了几次之后，都不好意思再去。

抗战时期，有“哈佛三杰”之称的吴宓在昆明，和姜亮夫多有接触，而且姜亮夫就读的清华国学研究院也是吴宓先生创办的，所以二人很早就认识了。吴宓在云大和中法大学（中法大学成立于1920年，是在民国初年蔡元培发起组织的留法俭学会与法文预备学校和孔德学校的基础上组建的。1950年9月，中法大学校本部及数理化等院系并入北京工业学院，1988年更名为北京理工大学）讲课，课时不多，每周云大、中法各一两节。时任云大文学院长的姜亮夫和吴先生关系不错，姜亮夫就把文史系一个做研究室用的小房间的钥匙给了吴先生，让吴先生中午可以休息一下。这件事在《吴宓日记》中也有记录，可见姜亮夫和吴先生关系之好。

晚清著名画家、书法家、篆刻家，“后海派”的代表，西泠印社的首任社长——吴昌硕先生和姜亮夫的接触也颇多。与姜亮夫有过交往的还有丁文江、梁实秋、郁达夫、茅盾、冯友兰、顾颉刚、陈望道、陆费逵、蒋竹庄（蒋维乔）、张寿镛、刘大白、姚明辉、刘季平、高亨、张天放等等。

姜亮夫交往的都是学术、文化、艺术、教育、出版各个方面的著名人士。姜亮夫和这些人的交往，可以作为了解20世纪中国的学术、文化、艺术、教育、出版等各界情况的参考。

第七章 “执子之手，与子偕老”

婚姻是个永恒的话题，一直是人们关注的焦点。婚姻是什么？钱钟书先生说：“婚姻像围城，城里的想出去，城外的想进来。”这句话早已成为婚姻中的经典。培根说：“婚姻是爱情的坟墓。”每个人对婚姻都有着自己的解释，但是谁也说不清楚到底是什么，而这又是人们所必须经历的一件人生大事。每个爱情故事都会给人们许多启示，这对才子佳人的故事也不例外。

师生之恋

1929年姜亮夫在持志大学教声韵学，在这里姜亮夫遇到了他的人生伴侣，开始了一场马拉松式的爱情长跑。

有一天上课，姜亮夫无意中注意到第一排坐的六个女生，有五位打扮很时髦，花枝招展，而另一位不施粉黛，衣着朴素。当姜亮夫讲课中遇到难点的时候问大家，这位女生总能贴切地回答姜亮夫提出的问题，这位女生的聪慧也给姜亮夫留下了深刻的印象。又过了四个多月，姜亮夫忽然接到学校通知说，明年暑假姜亮夫教的这个班学生要毕业，要老师指导学生写毕业论文，姜亮夫指导的学生叫陶秋英。过了两天，那位从不打扮又十分聪慧俊秀的女学生来找姜亮夫，她得到学校的吩咐，姜亮夫是她的论文指导老师，这位女生就是陶秋英。陶秋英的论文题目是《中国妇女与文学》，陶秋英很认真，每次都把上次指导提出来的意见修改稿拿给姜亮夫看。就这样在论文指导的几个月里，姜亮夫和陶秋英接触机会多，接触频繁，使得这一年来的师生情开始慢慢地起了变化。姜亮夫内心也确实喜欢这个朴素、温柔、俊秀的姑娘，但是因为姜亮夫知道陶秋英有婚约，所以碍于此事便不能表露自己的心迹。陶秋英的婚约也成为二人交往的绊脚石，也是二人长达十年爱情长跑的一个重要因素。

马拉松式爱恋

由于长时间来往接触，姜亮夫对陶秋英的家庭情况了解日益加深。陶秋英自幼聪慧秀气，深得父母宠爱，但是陶父管教极严，任何事不得违背父亲意图。陶父早已为陶秋英与吴江某大地主的儿子订了婚约。陶秋英不满，迟迟不肯结婚，为此陶父对陶秋英的控制更严，除了读书以外，其他一切社交活动都不许私自参加。

在陶秋英的毕业论文快要完成前夕，陶秋英约姜亮夫去虹口公园走一走，说有事商量。二人还没说上几句，陶秋英就大哭起来，姜亮夫从未见过她哭，所以有些不知所措。陶秋英边哭边说原委，原来是陶父逼她一毕业就要和大地主的儿子结婚，陶秋英坚决反对，结果陶父大发雷霆，并威胁说："如果不同意这门婚事，解约以后，你就得在家服侍我一辈子，今生不许出嫁！"这不是陶父的气话也不是恐吓，而是陶家不近人情的家训，而且陶家的确也有这样的先例，陶秋英的大伯父家的女儿就是这样，在解约之后就在家侍候父母亲，一直未嫁。陶秋英向姜亮夫痛诉自己的终身大事，是出于对姜亮夫的信任，姜亮夫也深知这一点，就在心里想："我一定要对得起她，决不能让她失望。"于是姜亮夫就对陶秋英说："事情是严重的，首先是解约，解约后嫁不嫁人是第二步。这里有一个时间问题，你先拖，拖到迫使对方和你父亲解约。”在听了姜亮夫的话之后，陶秋英还是有些不放心，觉得自己的终身大事还是不可靠。姜亮夫就鼓起勇气说：“假如你相信我的话，我负责到底，照顾你一辈子。”其实，这么久以来，陶秋英就是在等姜亮夫的这句话。陶秋英知道姜亮夫是守信誉的人，所以这次的谈话使二人的心连在一起，从此之后就明确了二人的关系。

为了减少陶秋英在家中的烦恼，姜亮夫在陶秋英毕业后托人帮她找到了在苏州女子中学教书的工作。陶秋英在苏州工作了一年之后，陶父还是逼陶秋英结婚。二人又一商量，陶秋英决定报考燕京大学的研究生，这样可以离家更远一些。结果陶秋英就考上了燕京大学的研究生，但是陶父不给一分钱，想从经济上卡住陶秋英。陶秋英没有办法，只得向叔父借500元，但叔父提出必须在一年之内归还。只要能去读书，钱的问题可以慢慢解决，一年之后，这500元姜亮夫从自己的薪水中积攒起来还给了陶秋英的叔父。

从此二人天各一方，姜亮夫在江南为了二人的未来在奋斗着，陶秋英在北国享受着自由自在的空气。两人聚少离多，便时常书信往来以解相思之苦。陶秋英的文学功底很深，写得一手好诗词，因此陶秋英常常有诗词寄给姜亮夫，陶秋英通过写诗词来表达她的深情厚谊，同时也展现出她的才华；姜亮夫看了之后爱不释手，见词如见人，姜亮夫还专门把这些诗词抄录出来，并附加后记。这些诗词伴随了姜亮夫一生。

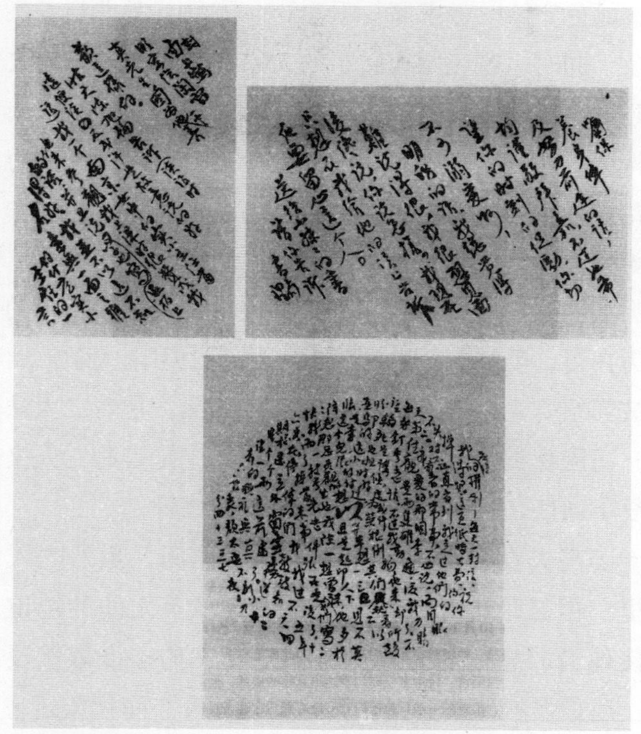

陶秋英写给姜亮夫的信笺。这种艺术的书信形式，体现了她初恋的喜悦心情

在此期间二人几乎三天一书，两天一信。姜亮夫放心不下陶秋英一人在燕京大学，所以为此前后有七八个月去北京陪陶秋英。二人常常去北京故宫博物院，有时候到姜亮夫住处共读诗文，上天坛、下北海，两人形影不离。

但是纸总是包不住火的，陶父察觉到了姜亮夫和陶秋英的关系，陶父明确表示，绝不允许女儿嫁给穷教书匠，并且更严格地限制陶秋英的行动自由，并扬言“要给点‘颜色’给‘教书匠’看看”。陶秋英考虑到姜亮夫的安全，同时也避免她与父亲的关系激化，就劝姜亮夫暂时离开上海。姜亮夫听从了陶秋英的劝告，接受了河南大学的聘请。在姜亮夫去开封前，陶秋英迫于陶父的压力，认为花好月圆之日没有希望，为了不耽误姜亮夫的年华，就劝姜亮夫早日成家，恳求断绝二人之间五年的情分。姜亮夫听到这话之后犹如晴天霹雳，往日二人形影相随的生活历历在目，姜亮夫怀着沉痛的心情到了河南大学。此事后来被郭绍虞先生知道了，就劝说陶秋英，帮着二人从中调解，而陶秋英也不愿意离开姜亮夫，于是姜陶二人又慢慢恢复了通信，裂痕也开始慢慢地得到修补。

姜亮夫在开封的河南大学任教期间，虽然二人相距千里，但是距离并没有阻断他和陶秋英之间的情谊，反而使他们的感情越来越深，但是陶父的态度依然没有变化，还是强烈地反对陶秋英嫁给姜亮夫。陶秋英还来信和姜亮夫商量出国留学的事，陶秋英觉得姜亮夫出国留学回来后可能陶父的态度能有所改变，如果还是没有改变，陶秋英也将出国，和姜亮夫远走天涯。姜亮夫在清华毕业后就萌发过出国深造的想法，这次陶秋英提出来，姜亮夫犹豫过，但是姜亮夫为了能和陶秋英幸福地过一辈子，毅然决然地选择了远赴欧洲。

1935年8月7日姜亮夫乘坐意大利船“康脱弗脱号”去往法国。临行前陶秋英到轮船上送行，两人感到这次长时间的离别，只有苦没有乐，但一切只有忍耐着。在欧洲期间，二人还时常有书信来往，姜亮夫还寄过不少明信片给陶秋英。姜亮夫于1937年7月5日回到北京，加上“七七事变”爆发，姜亮夫急速南下去找他心爱的陶秋英，二人阔别了两年之后在西子湖畔相见，陶秋英见到姜亮夫的第一句话就含泪说：“旧的婚约已经推掉了。”姜亮夫想立刻成婚，陶秋英认为不能太操之过急，走到这一步已经不容易，假如和陶父闹翻了，后果不堪设想。无可奈何，姜亮夫只有再继续等待。

抗战开始了，全国一片混乱，姜亮夫当时已经到四川三台的东北大学任教，他时刻牵挂身在敌机轰炸中的上海的陶秋英。后姜亮夫接到陶秋英弟弟的来信，姜亮夫立刻经昆明转道香港，再由海路到达上海。姜亮夫在好友徐仲年的帮助下，终于见到陶秋英。陶秋英终于鼓起勇气，同意举行婚礼。为此陶秋英抗婚长达十年之久，两人这场十年的爱情长跑可谓旷日持久、艰苦卓绝，最终迎来了花好月圆之时。

姜亮夫和陶秋英恋爱十年两地信函现尚存28册，计百万余言

有情人终成眷属

1938年8月28日，姜亮夫和陶秋英在上海威海卫路中社礼堂举行婚礼。具体婚事的操办由姜亮夫的好友曹敬英处理，马振武律师做证婚人，金松岑和刘节先生做介绍人。婚礼上只有陶秋英的弟弟到场，姜亮夫的父亲身在昭通，由于抗日战争爆发无法赶到，而陶秋英的父亲因为坚决反对这桩婚事也没能到场，这是很遗憾的一件事。直到这一天二人才成为正式夫妻，十年的恩爱直到此日才实现，新婚之夜，二人感慨万千。

姜亮夫和陶秋英的结婚照

婚礼之后的第二日，姜亮夫的朋友帮助他们在报上刊登了二人的结婚启事。而陶父却于第三日在报纸上刊登了一则启事："姜亮夫与陶秋英结婚，未经我同意，从此以后脱离父女关系。"陶秋英知道这个启事之后黯然泪下。朋友们催促二人赶快离开上海，于是姜亮夫和陶秋英又在朋友卫聚贤的帮助下登上邮轮到香港，然后到达越南之后从昆明进入四川三台。姜亮夫感慨道：“等待了十年，结果还是‘私奔’。这十年来我走南闯北，想感动老人，结果还是未能如愿，今后如何照顾两位老人呢？”听了姜亮夫的话，陶秋英也陷入沉默之中。

二人到达四川三台的东北大学，有人领他们到住所，从此开始了姜亮夫和陶秋英的新家庭生活。

生活上的伴侣，学术上的助手

在四川三台的前三年，姜亮夫的主要精力是整理敦煌卷子，陶秋英考虑到姜亮夫的视力问题，就同姜亮夫一起整理。姜亮夫和陶秋英两张桌子两块砚。姜亮夫发现王仁昫那一卷有一个地方有一点胭脂，姜亮夫感到奇怪，因为此前看过六千多卷卷子，从没有发现有胭脂的卷子，陶秋英就帮助姜亮夫分析这种现象，后来写成一篇论文叫《吴彩鸾书切韵事辩》。姜亮夫整理的《瀛涯敦煌韵辑》一书的全文都是由陶秋英一字一字校对的，只要写错一字，整页重新抄写。

姜亮夫在由陶秋英辑录，姜亮夫校订的《敦煌碎金》一书的序言中就说到,自己在撰写敦煌著作的时候，陶秋英“怜其损目弱躯，愿为分担此种业绩时，夫人大病方渐霁，不自惜而惜余，十余年之相知，非苟然也”。

陶秋英本是一位职业妇女，空待在家里是受不了的，但是她却为姜亮夫放弃了自己的事业。姜亮夫调到浙江师范学院工作之后，体质日益下降，只能勉强教课，当时也在浙江师范学院中文系任教的陶秋英见到姜亮夫身体如此不好，就向学校请假一年，帮助姜亮夫备课，姜亮夫去上课就减轻不少负担，有时候陶秋英陪姜亮夫一起去，姜亮夫在讲台上讲，陶秋英在黑板上写提纲，二人配合得很默契。后来陶秋英索性不再去教课了，在家专心照顾姜亮夫，并帮助姜亮夫整理旧稿子。

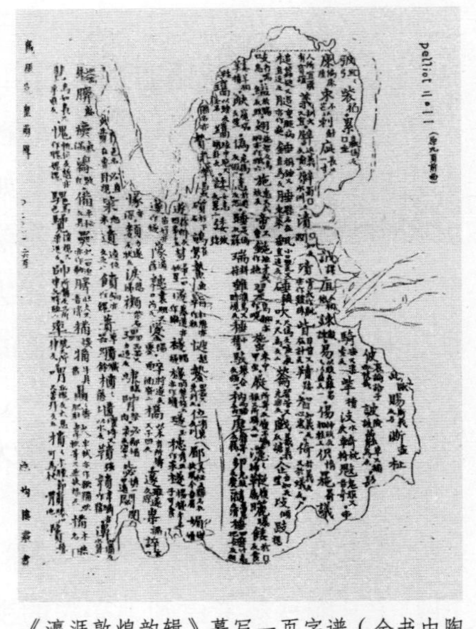

《瀛涯敦煌韵辑》摹写一页字谱（全书由陶秋英一字一字校对）

姜亮夫和陶秋英先是一起同封建包办婚姻做斗争，携手走过了艰难的抗战岁月，经历了“文革”的煎熬，后来体会到了改革开放带来的好生活，但是二人却是“共苦多，同甘少”。夫妇二人一辈子都是相敬如宾、感情甚好，除了死亡，没有什么能将二人分离。1986年6月2日陶秋英因病在杭大医院溘然而逝，还在住院的姜亮夫听到这个消息痛不欲生，医生、护士日夜守护在姜亮夫身边，唯恐姜亮夫发生不测。姜亮夫想参加陶秋英的追悼会，但是医生坚决反对，于是姜亮夫写了幅挽联，表达他们的夫妻之情，联云："十年知交，五十年夫妻，辅我著书，福泽愧对赵文敏；卅卷诗文，三百卷绘笔，教女成才，哀荣有过谢夫人。"

陶秋英既是姜亮夫的生活伴侣，又是姜亮夫的学术助手，陶秋英本人也是学有所成的。1931年北新书局出版陶秋英的大学毕业论文《中国妇女与文学》，书名是由姜亮夫题写的。书中陶秋英大胆地提出妇女在中国文学上应有独立地位。陶秋英的燕京大学研究生毕业论文《汉赋之史的研究》是陶秋英读书生涯中投入精力最大的著作，论文完成七年后，中华书局将该篇论文正式出版，郭绍虞先生还为该书出版写了序。陶秋英还编有人民文学出版社出版的《宋金元文论选》，此书陶秋英亦用力极深，陶秋英根据《四部丛刊》所列诸家集子目录，把宋金元明作家文集一部一部地研究，把《四部丛刊》中所缺少的，参用别的版本补齐，以至于近千年中重要的单篇文论几乎没有遗漏，并且书中也有一些新的发现。陶秋英在注释上下的功夫也很大，有时为一注释而阅读有关作家文集数遍，直到问题得以解决。作为资料性参考书，这部著作是极为精审可靠的。晚年的陶秋英，专心于自幼喜爱并且有良好基础的国画艺术。1981年陶秋英在浙江展览馆举行个人国画展，在社会上引起强烈反响。

才子佳人，中国式的爱情童话。对当事人来说这段艰难的爱情却不是什么浪漫之事，姜亮夫曾在《错综复杂

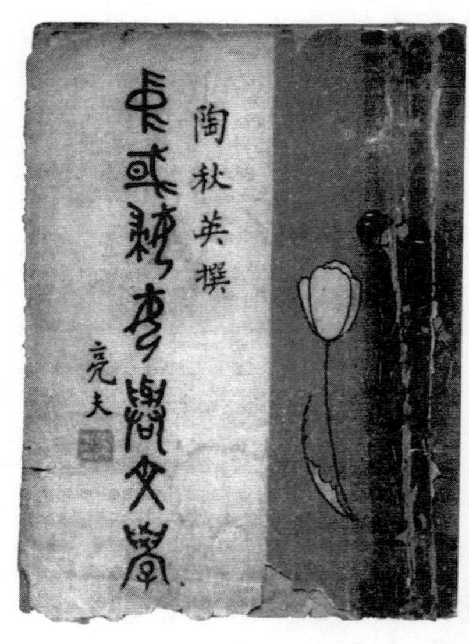

《中国妇女与文学》书影

的婚姻问题》一文中写道："在我自己正式成家以后来说，我是很满意的。"但是姜亮夫又说："我自从二十四五岁开始，到三十七岁同她结婚止，这阶段为了婚姻问题我受的干扰、挫折是非常大的。这里面有的是社会问题，有的是恋爱问题，有的是我自己不会机变的问题。不过现在来回想这一段往事，可看出我这一生在婚姻问题上耽搁的时间是多的，几乎我一生中三分之一的时间为了婚姻问题而无法读书。因此我对现在的成就并不满意，追其原因之一，为婚姻问题的干扰太大。"

在20世纪二三十年代，才子佳人的私定终身不仅仅是风花雪月式的故事，还承载着女子解放、对抗礼教的变革深意。而姜亮夫和陶秋英的恋爱史正是20世纪二三十年代新青年同旧式婚俗礼教决裂的真实记录。

结语

1995年12月4日姜亮夫因病在浙江逝世，享年94岁。

姜亮夫逝世的第二日，各大报纸就刊登了姜亮夫逝世的消息。

姜亮夫曾在《自传》中以《成均老人著书要目》中的一段自识做结尾，那么这部姜亮夫的传还是以此作为结尾为宜。

“今观此目（指《成均老人著书要目》中的书目），一生业绩不过如此。从头认取，则全乖始愿。志趣所在，主于古史与近世史。古史植根于语言文字，而以为巩衡者大抵不出穆勒利尔、恩格斯、摩尔根、马林确斯特、罗维诸家之说；近代史则以学术、艺术为主。全部治学枢轴，一以《尚书》《诗经》两新注，及《三代异同》综古史；二以《文字朴识》综古语；三以《四先生学谱》综三百年来学术。三者各有成业，中经抗战、解放诸役，丧乱宏多，所余无几。今检此目，则三者皆枝叶扶疏，非大本大根矣！”

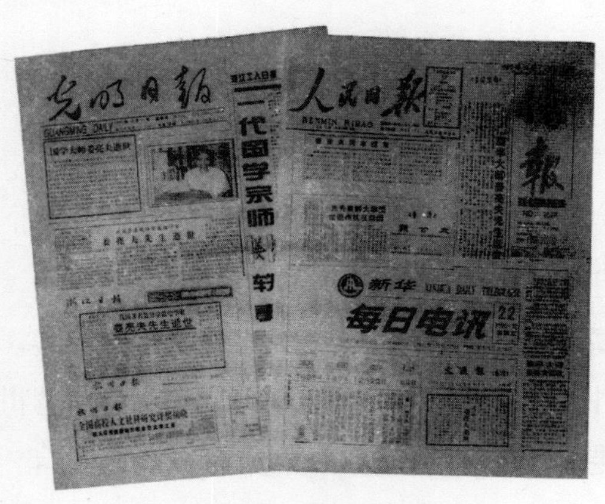

光明日报

国学大师姜亮夫逝世

一代国学宗师

人民日报

新华 每日电讯

姜亮夫先生逝世

姜亮夫逝世后各报快讯剪影

附录

姜亮夫主要著作简介

作者按：姜亮夫主要著作简介是根据姜昆武女士（姜亮夫的女儿）为其整理的《成均老人著书要目》《世纪学人自述·姜亮夫自述》中的主要著述目录、《中国当代社会科学家·姜亮夫自传》中的姜亮夫主要著作目录而编订，著作的分类亦依从姜昆武的分类。

专著

甲　史学类

1．历代名人年里碑传综表

二十四卷。1935年商务印书馆初印名为《历代名人里碑传综表》,新中国成立后增订时改用今名。有1937年商务印书馆版、台湾商务印书馆翻印、台湾世界书局翻印、香港中华书局翻印。《治史论文集》选印。1967年刻印本，共录文九篇：伏羲说，伊尹，傅说，吕望考，桓谭疑年，王羲之疑年，四先生合谱序，孙仲容著作目，护国之际日表。

商务馆出版的原本下限至民国二十四年（1935年），今本删去卒于民国以后的人，又将帝王、高僧两部删去。后补订原被删的卒于民国以后诸人及帝王高僧部分并由杭州大学图书馆刊印，叫《民国以来名人及历代帝王高僧生卒年表》。

现已收入《姜亮夫全集》。

2．陆平原（机）年谱

上海古典文学出版社1957年7月印行，有章炳麟陆机赞，陆氏世系表，晋书本传，三国志裴注。后附陆机著述考，平复帖考，机轶事辑，六朝隋唐诸家论陆文，语录二卷。台湾商务印书馆翻印。

现又已收入《姜亮夫全集》。

3．张华年谱

1957年由上海古典文学出版社印行。

现又已收入《姜亮夫全集》。

4．历代年谱考

杭州大学图书馆将其全部录入所辑的《历代年谱》一书中。

5．夏殷民族考

1933年上海民族月刊印行。1965年摘录其中的部分载入《治史论文集》中。

6. 尧典新证

原为《尚书新证》一书的残篇，今存一卷。其中九族百姓一段曾单独刊登在《经世》杂志与《责善》杂志。

7. 治史论文集

1965年编定，论文三十二篇，分四卷，其中的文章多刊载国内报章、杂志。1976年曾选印九篇。

8. 中国古代光明崇拜

此书为稿本，共三册，其中第二册的干支、蠡测可独立成书。有沙孟海校笔。

9. 护国军志

1943年成稿，曾选载于各报章、杂志，还曾与《护国日表》编入《续云南通志长编》。1985年印行。

10. 靖国军志

1943年成书，共有文章六篇，后有残损，今存原稿一册。

11. 战国策编年

八卷，稿本。

12. 尚书新证

原书有二十八卷，已写成二十四卷。抗日战争期间散佚，现在只有尧典篇全存，禹贡篇有残段。

13. 三代异同考

现在仅残余卡片数百页。

14. 史考

现在存有本书的资料。

15．社与祖

现在存有本书的资料。

16．古史资料疑年录

稿本。书的内容主要以两周金文疑年最多，大体以新城新藏东洋天文学史所载为基础，而多录各家异说。

17．近百年学术年表

稿本。本表为《四先生合谱》及《近百年学艺传》的摘录，在昆明解放时毁坏，现存有残段。

18．师友新语

仅仅存有十几页纸。

19．宋元学人疑年

本书大部分已经录入《人表》及杭州大学图书馆所编《历代年谱》中。

20．考古学通论

为姜亮夫在上海各大学教考古学时的讲义，由王庸（以中）、张凤（天放）及姜亮夫合编，今存一册。

21．汉书札记

写于1933年至1945年。大约四百多篇，曾部分刊登于《文史》周刊，新中国成立后被毁。

22．高僧三传通检

稿本。

23．宋元以来刻工录

稿本。

24．历代碑传集总目

现残存十二册以及许多零页。

25．金文名象疏证

稿本。

26．护国军文征

现存总目一份以及资料，都是关于护国战争的文献、函电及报刊论文。

27．四先生合谱

廖季平、章太炎、梁启超、王国维四先生，都曾是姜亮夫的老师，章太炎和王国维部分已经完稿，梁启超和廖季平已经编年。新中国成立初毁坏。现仅存章太炎部分读书笔记和王国维、廖季平的著作目录。

28．古代人民生活图史

稿本。有书的图目及文论一册，部分图片已经完成。

29．尚书别录

稿本。是姜亮夫的《诗书楚骚三书目》之一。

30．古地得名例

稿本。

31．职官令仪词考

存有细目一份以及辑录资料。

32．纸谱

稿本。

33．豆谱

稿本。

34．近百年学艺传

稿本。

35．闺媛典

稿本。

36．瀛涯所得敦煌社会史料

稿子佚失。

37．译注法人莫尔干史前人类

稿子佚失。

38．中国社会史料

稿本。

39．中国经济史料

稿子佚失。

乙　语言类

1．中国声韵学

1930年写定。1932年世界书局印行，1932年再版。是姜亮夫的第一部声韵学编著，台湾进学书局翻印。

现又已收入《姜亮夫全集》。

2．甲骨吉金篆籀文字统编

1934年，河南大学石印。1953年离开昆明后遗失。

3．诗骚联绵字考

是姜亮夫的清华研究院毕业论文，共四册，分双声、叠韵、重文、杂篇四部。1927年后多有修订。“文革”后失去一册，今存三册，原稿有王国维批语。1932年昭通石印本，撷选四分之一，凡印百部。

现又已收入《姜亮夫文集》。

4．文字朴识

1956年昆明石印本，云南大学文法学院丛书本。有散佚。

5．瀛涯敦煌韵辑

1940年写定。1956年上海出版公司精印，其中正俗字谱等三种由其妻陶秋英成书，其中各文多已选登各报章、杂志。台湾鼎文书局翻印。日本、中国香港等地也有翻印。

现又已收入《姜亮夫全集》。

6．昭通方言疏证

1925年初为《昭通方言考》，后陆续搜讨至1973年，修订完成正篇，分八类，附论文四篇。

现又已收入《姜亮夫全集》。

7．昭通方言考

稿本。

8．汉字结构及其变迁

原为古汉语大学教材的文字部分，其中部分曾选刊于浙江学报、杭大学报等刊物。今存油印本三部。

9．古汉语大学教本

油印本，1960年教育部委托编写，高等教育出版社出版。

其中《古汉语语音学》现又已收入《姜亮夫全集》。

10．古文字学

1984年浙江人民出版社出版。后有云南人民出版社

1999年版。

11．汉语学论文集

共收文章二十六篇，原为上海中华书局的约稿，“文革”中停刊。曾在1974年印六篇为论文集选。其中多刊登在报刊中。

12．甲骨文字小笺

稿本。

13．王静安先生所录伦敦巴黎藏唐写切韵校记

原稿一册，与刘半农校本合，东北大学学林杂志印本，存两本。

14．刘君半农所录伦敦巴黎藏敦煌唐写本切韵校刊记五卷

北平图书馆馆刊，曾刊印，但没有发行。

15．古汉语论文目录三卷

原是《古汉语论文辑》八卷，目录三卷。

16．文始表解

稿本，现存抄正本。

17．诸家虚助字总检目

印本一册，原稿本一册，由杯菁抄正。

18．唐宋韵书反切综表

稿本。

19．活用字一卷

油印本。

20．小学零简

稿本。

21．经籍纂音计划及劫余卡片

原为1956年杭州大学科研计划，已抄卡片四五十万张，“文革”后被焚毁，仅经典释文部分还存有数千片。

22．方言声类

稿本。

23．雅诂表

只完成释诂、释言部分。

24．音学考

1931年完成。残存原稿一册。其中部分刊登在《说文月刊》《学艺杂》《历史语言集刊》。

25．金文集释

亡佚。

26．诗毛郑汇诂

亡佚。

27．联绵字丛钞

稿本。

28．文字学教本

原先是为北京书局编写，后佚失。

29．古声考

现存有底稿。

丙　楚辞类

1．屈原赋校注

1932年初写成。1942年西南联大《国文月刊》曾部分选登，1956年北京人民文学出版。此后在日本和我国香港地区、台湾地区都有翻印，并且指定为大学中文系必读书。只有其中《自序》与《九歌题解》与旧本不同。1956年北京人民文学出版社印行，并且再版，重订本由1987年天津古籍出版社出版。

现又已收入《姜亮夫全集》。

2．楚辞书目五种

1962年上海中华书局印本，曾再版。台湾泰顺书局翻印。

3．陈本礼楚辞精义留真

1956年由上海出版公司影印出版。

4．屈原赋今译

1950年在昆明译出。杭州大学曾油印全文。1987年北京出版社版。后有云南人民出版社1999年版。

现又已收入《姜亮夫全集》。

5．楚辞学论文集（成均楼论文辑第一种）

共收论文二十八篇，1965年曾选几篇为论文选。1984年上海古籍出版社版。

现又已收入《姜亮夫全集》。

6．楚辞通故（1–4辑）

原来是上海中华书局的约稿，1971年后陆续撰写，至1977年全书完成。1985年齐鲁书社版。1999年云南人民出版社版。

现又已收入《姜亮夫全集》。

7. 重订天问校注

稿本。

8. 二招校注

1974年写定。

二卷现又已收入《姜亮夫全集》。

9. 楚辞书目五种补遗

稿本。

10. 汉以前楚方言考

稿本。

11. 楚辞今绎讲录

1982年北京出版社出版。1999年云南人民出版社出版。

丁敦煌学类（韵辑二十四卷已入语言之属不再出）

1. 敦煌——伟大的文化宝藏

1954年上海出版公司印行。是由《敦煌志总论》的部分改编为《莫高窟年表》《敦煌经籍校录又杂录》《文录识小录》等卷。本书是其中的第一种。1965年古典文学出版社版。1999年云南人民出版社版。

现又已收入《姜亮夫全集》。

2. 莫高窟年表

1985年上海古籍出版社版。台湾华世出版社翻印。

现又已收入《姜亮夫全集》。

3. 敦煌学论文集（成均楼论文辑第二种）

1987年上海古籍出版社版。

4．瀛涯敦煌韵书卷子考释

1990年浙江古籍出版社版。

现又已收入《姜亮夫全集》。

5．瀛涯敦煌经籍校录四卷

以阮刊本十三经注疏校巴黎、伦敦所藏敦煌卷子本。1938年成书，原为《敦煌志》之一部，现只存有稿本。

6．瀛涯敦煌杂录

主要者有大德录、坊巷录、寺观录、经生录、道教佚经录本。是原《敦煌志》之一种。

7．敦煌文录

稿本。

8．敦煌随笔

稿本。

9．敦煌学概论

根据1983年的讲课录音整理而成，是我国第一本讲述敦煌学的教材。1999年云南人民出版社版。2004年北京出版社版。

现又已收入《姜亮夫全集》。

戊　汇辑类

1．商旧录

多为较短论文。

2．读书札记

以先秦诸子为主,下及史记及魏晋子家言，昆明《文史》周刊刊登过若干篇。

3．成均楼文录四卷诗一卷

为序跋碑传等杂文。

现又已收入《姜亮夫全集》。

4．欧行散记

1934年去欧洲时旅途的杂写。

5．北郵随笔

稿本。其中的多篇文章刊登在报刊。

现又已收入《姜亮夫全集》。

6．欧洲放古录

稿本。

7．全上古三代文补遗六册

补严可均书，现在仅存有目文。

8．诗经别录

稿本。

9．中国文学史论

原为1932年在河南大学讲课时学生们的笔录。

10．历代文论文选

原稿交给世界书局，抗战后没有归还。

11．陆平原集校注

稿本。

12．词调溯源

稿本。

13．漱玉词注

稿本。

14．李龙眠卷

辑录宋、元、明、清各家论李画（下及诗文书法）及各书画所载李氏诸图，本为徐悲鸿先生八十七神仙卷跋而作。

15．中国历代小说选

1936年上海北新书局版。

己　综合类

1．《姜亮夫文录》，姜亮夫著，云南人民出版社1999年版。

2．《姜亮夫全集》，姜亮夫著，沈善洪、胡廷武主编，云南人民出版社2002年版。

主要论文

按：首先是姜亮夫发表的论文题目，后面是发表的报刊及时间。未注明姜寅清的均为以姜亮夫的名字发表的论文。

1．《委蛇威仪说》，姜寅清，《国学月报》1927年第2卷第11期。

2．《燕誉说》，姜寅清，《国学月刊》1927年第2卷第11期。

3．《毛诗谜语释例》，《民铎杂志》1929年第10卷第5期。

4．《词的原始与形成》，《现代文学》1930年第1

卷第5期。

5. 《研究国故应有的基本知识与应备的工具书》，《青年界》1931年第1卷第3期。

6. 《名原抉脉》，姜寅清，《国学商兑》1933年第1卷第1期。

7. 《家之来源与中国古代士庶庙祭考》，《民族》1933年第1卷第7—12期。

8. 《诗经的体类（古代文学史论之一）》，《青年界》1933年第4卷第4期。

9. 《研究中国语言文字学的方法和参考书》，《青年界》1933年第4卷第5期。

10. 《唐代传奇小说》，《青年界》1933年第4卷第4期。

11. 《夏殷民族考》，《民族》1933年第1卷第7—12期。

12. 《夏殷民族考（一续）》，《民族》1933年第1卷第7—12期。

13. 《研究中国文字的方法（中国文字研究法续完）》，《青年界》1933年第4卷第5期。

14. 《中国古代小说之史与神话之邂逅》，《青年界》1933年第4卷第4期。

15. 《中国文字的组织（中国文字学研究法之一）》，《青年界》1933年第4卷第2期。

16. 《中国文字的源流（中国文字学研究法之

二）》，《青年界》1933年第4卷第3期。

17．《中国文字的特色（中国文字学研究法之三）》，《青年界》1933年第4卷第4期。

18．《曲局篇》，《国学商兑》1933年第1卷第1期；《国学论衡》1934年第2—3期。

19．《释殷》，《国学论衡》1934年第4期。

20．《踟蹰驰驱转语考》，《河南大学学报》1934年第1卷第1期。

21．《傩考》，《民族杂志》1934年第2卷第7—12期。

22．《声考声数转纽表》，《河南大学学报》1934年第1卷第2期。

23．《戏曲浅释》，《青年界》1934年第5卷第3期。

24．《夏殷民族考（二续）》，《民族杂志》1934年第2卷第1—6期。

25．《夏殷民族考（三续·完）》，《民族杂志》1934年第2卷第1—6期。

26．《自昭君和番以往从满蒙问题而来》，《青年界》1934年第5卷第4期。

27．《悼刘半农先生并介绍〈四声实验录〉》，《青年界》1934年第6卷第3期。

28．《中国学术之范型的勘察》，《青年界》1934年第6卷第4期。

29．《红楼梦送我出青年时代》，《青年界》1935年第8卷第1期。

30．《中国学术原衍阐微》，《民族杂志》1935年第3卷第1—6期。

31．《诸子古微》，《民族》1935年第3卷第7—12期。

32．《中国文字的声音与义的关系》，《青年界》1935年第7卷第5期。

33．《诸子古微》，《民族杂志》1935年第3卷第12期。

34．《追欢小记》，《青年界》1935年第7卷第1期。

35．《唐代以前的散文（中国诗文体式的演变）》，《青年界》1936年第10卷第1期。

36．《歌诗时代的诗（中国诗文体式的演变之三）》，《青年界》1936年第10卷第3期。

37．《歌诵分立时代的诗（中国诗文体式的演变之四）》，《青年界》1936年第10卷第4期。

38．《关于“文字”救急的建议》，《是非公论》1936年第21期。

39．《贪污的原因在哪儿？》，《是非公论》1936年第13期。

40．《诵诗的沿袭与歌诗的新生》，《青年界》1936年第10卷第5期。

41．《唐宋以后的散文（中国诗文体式的变迁之二）》，《青年界》1936年第10卷第2期。

42．《中国语言文字三论》，《民族》1936年第4卷第7—12期。

43．《历代名人年里碑传总表》，《燕京学报》

1938年第24期。

44．《王国维写本切韵校刊记》，东北大学《学林》1938年刊本。

45．《音学书目提要》，《说文月刊》1939年第1卷第1期。

46．《访古瀛外劫馀录》，《说文月刊》1940年第2卷第1期。

47．《诗人的胸怀（演讲记录）》，《今日青年》1940年第7期。

48．《王静安先生录伦敦藏唐写本切韵残卷斠记》，《斠录志林》1941年第2期。

49．《大英博物馆藏敦煌写本卷子S512归30母例跋》，《经世季刊》1942年第2卷第1期。

50．《P2017为陆法言原书韵目跋》，《志学月刊》1942年第2期。

51．《大英博物馆藏敦煌唐写本陆法言切韵考》，《志学月刊》1942年第3—10期。

52．《大英博物馆藏唐写本切韵研究之一——S2017为隋末唐初增字加注本陆韵证》，《云南大学学报》1942年第1卷第2号。

53．《大学一年级国文教学私议》，《高等教育季刊》1942年第2卷第4期。

54．《敦煌经卷在中国学术文化上之价值》，《说文月刊》1942年第3卷第10期。

55. 《历史研究的质变与扩大》，《自由论坛》1943年第1卷第5—6期。

56. 《隋唐宋韵书体式变迁说略》，《国文月刊》1943年第24期；1944年第25期。

57. 《普鲁士图书馆诸北宋刊本切韵跋》，姜寅清，《说文月刊》1944年第4卷。

58. 《献词》，《劳工》1946年创刊号。

59. 《瀛涯燉煌韵辑总目叙录》，《国立中央图书馆馆刊》1947年复刊第1期。

60. 《九歌解题》，《学原》1948年第2卷第2期。

61. 《释单》，《学艺（日本）》1948年第18卷第9—11期。

62. 《九歌解题》，《学原》1949年第2卷第2期。

63. 《切韵系统》，《浙江师范学院学报（人文科学）》1955年第1期。

64. 《读史与古汉语知识》，《历史教学》1957年第7期。

65. 《文风笔谈》，《中国语文》1958年第5期。

66. 《桓谭疑年的讨论》，姜亮夫、陶秋英，《杭州大学学报（人文科学版）》1962年第1期。

67. 《古初的绘画文字》，《杭州大学学报（人文科学版）》1962年第2期。

68. 《汉字结构的基本精神》，《浙江学刊》1963年第1期。

69．《〈楚辞通故〉叙录》，《杭州大学学报（哲学社会科学版）》1977年第3期。

70．《〈楚辞通故〉选录》，《杭州大学学报（哲学社会科学版）》1978年第3期。

71．《就对许慎及其〈说文〉的指责谈一点看法》，《中国语文》1979年第4期。

72．《瓜沙曹氏年表补正》，《杭州大学学报（哲学社会科学版）》1979第1—2期。

73．《〈九歌〉“兮”字用法释例》，《昆明师范学院学报》1979年第2期。

74．《离骚首八句解（节选）——屈原身世参正》，《社会科学战线》1979年第3期。

75．《语言文字的基础及其变迁》，《汉语散论》1979年。

76．《汉语音韵学中几个基本问题》，《汉语论》1979年。

77．《智骞〈楚辞音〉跋》，《中国社会科学》1980年第1期。

78．《敦煌写本隋释智骞楚辞音跋》，《常书鸿先生诞辰一百周年纪念文集》2004年11月1日（原载《中团社会科学》1980年第1期）。

79．《莫高窟资料编年叙例》，《浙江学刊》1980年第1期。

80．《滑稽考》，《思想战线》1980年第2期。

81．《〈楚辞通故〉撰写经过及其得失》，《文献》1980年第3期。

82．《姜亮夫自传》，《文献》1980年第4期。

83．《秦诅楚文考释——兼释亚驼、大沈久湫两辞》，《兰州大学学报》1980年第4期。

84．《洪庆善〈楚辞补注〉所引释文考》，《南开学报》1980年第3—4期。

85．《根柢之学与博与专的道路——我的治学一得》，《文史哲》1981年第1期。

86．《敦煌经卷在中国文化学术上的价值》，《思想战线》1981年第1期。

87．《敦煌写本〈道德经〉残卷叙录（上）》，《云南社会科学》1981年第2期。

88．《巴黎所藏敦煌写本〈道德经〉残卷叙录（下）》，《云南社会科学》1981年第3期。

89．《忆鲁迅先生二三事》，《浙江学刊》1981年第3期。

90．《读王静安先生曹夫人绘观音菩萨像跋》，《兰州大学学报》1981年第4期。

91．《幼艾》，《辽宁师院学报》1982年第1期。

92．《〈天问〉所传西南地名小辩》，《思想战线》1982年第1期。

93．《敦煌所见道教佚经考》，《兰州大学学报》1982年第1期。

94．《敦煌学必须容纳的一些古迹文物》，《西北师大学报（社会科学版）》1982年第4期。

95．《我对辞书的爱好与一些经历》，《辞书研究》1982年第6期。

96.《瓜沙曹氏世谱》，《浙江学刊》1983年第1期。

97．《〈成语例示〉序》，《杭州大学学报（哲学社会科学版）》1983年第2期。

98.《瀛涯敦煌韵辑补逸》，《敦煌学辑刊》1983年。

99．《古籍辨伪私议——有关古籍整理研究的若干问题之四》，《学术月刊》1983年第6期。

100．《杭州大学古籍研究所近期研究选题初步设想》，《文献》1983年第3期。

101．《“鉏铻”语系广证》，《中国语言文学研究》1983年。

102．《敦煌学在中国文化史上的价值》，《杭州大学学报（哲学社会科学版）》1984年第2期。

103．《〈高低笔号学生小词典〉序》，《杭州师院学报（社会科学版）》1984年第2期。

104．《整理与研究异同辨——有关古籍整理研究若干问题之一》，《文史哲》1984年第6期。

105．《〈屈原问题论战史稿〉序》，《重庆师院学报（哲学社会科学版）》1984年第2期。

106．《认真读书精心指导》，《高教战线》1984年第7期。

107．《〈昭通方言疏证〉选录》，姜亮夫、卢开镰，《云南民族学院学报》1984年第3期。

108．《"中"形形体及其语音衍变之研究》，《杭州大学学报》1984年增刊。

109．《敦煌学规划私议》，《社会科学》1985年第1期。

110．《孔子五十以后政治思想之变革》，《社会科学辑刊》1989年第2—3期。

111．《屈辞精义》，《中州学刊》1990年第3期。

112．《敦煌卷子的整理和敦煌艺术的保护》，《中国文化》1990年第1期。

113．《"东西"臆断》，《中国文化》1990年第1期。

114．《简明易懂　启思益智——省老年大学〈古代文学〉教材序》，《杭州师范学院学报（社会科学版）》1990年第4期。

115．《为〈屯石居古印摹释〉序》，《中国文化》1990年第2期。

116．《屈子在中国,楚辞学在世界》，《云梦学刊》1991年第2期。

117．《数论篇》，《中国文化》1992年第1期。

118．《孙诒让学术检论》，《浙江学刊》1999年第1期　（本文系姜亮夫遗稿，姜亮夫哲嗣、《姜亮夫全集》常务副主编姜昆武研究员慨允，由此刊发表）。

119．《谢本师——学术研究方法的自我剖析》，

《浙江学刊》2001年第4期。

姜亮夫大事年表

光绪二十八年（1902年）

夏历四月十二日生于云南昭通。

民国三年（1914年）

就读于昭通市高等小学。

民国六年（1917年）

在家补习。

民国七年（1918年）

入云南省立第二中学一班。

民国十一年（1922年）

以云南省官费生考入成都高等师范学校国文部，见校长吴玉章。在林山腴（思进）、龚向农（道耕）两位先生的指导下读完《诗经》《尚书》《荀子》《史记》《汉书》《说文》《广韵》等中国历史文化基础书籍。

民国十三年（1924年）

十月，开始写《昭通方言考》。

民国十四年（1925年）

九月，《昭通方言考》完成，寄回家中向父亲求证。

民国十五年（1926年）

八月，考入北京师范大学国文研究所。

九月，考入清华大学国学研究院，从王国维、梁启超、陈寅恪诸先生同学，并在王国维的指导下完成毕业论文《诗骚联绵字考》。

民国十六年（1927年）

应清华同学黄淬伯邀请到南通中学任教。

民国十七年（1928年）

任教于江苏无锡中学，教授国文两班、文学论两班。并着手研究《楚辞》，抄录相关材料。

民国十八年（1929年）

一月，重订《诗骚联绵字考》，续录《经典释文反切考》《九经异文考》卡片，整理《文学概论》。

六月，北新书局邀编《高中国文》课本。

八月，在胡朴安的推荐下到持志大学授课。陈柱邀请任教于大夏大学。同时在北新书局担任编辑工作。

九月，与徐志摩会于大夏大学。

十月十九日，与陶秋英初识。

民国十九年（1930年）

十月，到中国公学大学部任教，主讲文学史、诸子等课。

民国二十年（1931年）

五月，《音学考》粗就。

九月，到国立暨南大学任教。

十一月，完成《历代名人年里碑传综表》初稿。

民国二十一年（1932年）

四月，石印《诗骚联绵字考》100部，国内70册，日本20册，欧美10册。

九月，完成五卷本《夏殷民族考》。

民国二十二年（1933年）

二月，《甲骨学通论》初成。

民国二十三年（1934年）

一月，拜见章太炎于上海同福里。受聘为河南大学文学系教授。

四月，完成《楚辞校笺》。

六月，初草《文字朴识》。

九月，《甲骨吉金篆籀文字统编》，石印40部。

民国二十四年（1935年）

九月，到达巴黎。途中完成《欧行散记》。

十一月，进入巴黎大学博士院学习考古学。

民国二十五年（1936年）

一月，巴黎大学听课，提交论文《中国古代农民器用考》。

三月，在朋友冯友兰的介绍下到法国国民图书馆写本部读敦煌经卷。

五月，翻译莫尔干《史前人类》。

六月，游览巴黎。

十二月，《敦煌经籍校录》即将完成，计划去伦敦。

民国二十六年（1937年）

一月，游览伦敦。在大英博物馆读敦煌经卷。完成《敦煌杂录》。

五月，游览柏林。

六月，游览莫斯科。冒险由西伯利亚回国。

七月，校刘半农《敦煌掇琐》中的王仁昫《切韵》。

九月，受聘于东北大学，在西安就职，教授文字学、“楚辞”。在此期间校《楚辞》。

民国二十七年（1938年）

三月，跟随东北大学转移到四川三台。

八月二十八日，与陶秋英在上海成婚。

十一月，开始写《瀛涯敦煌韵辑》。

民国二十八年（1939年）

七月，应四川中等教员暑假讲习会的聘请，讲语言文字。

十二月，校补陶秋英所作的《陆机年谱》。

民国二十九年（1940年）

五月，熊庆来聘请为云南大学文史系教授。

民国三十年（1941年）

一月，考订《瀛涯敦煌韵辑》。

十月，完成二十四卷《瀛涯敦煌韵辑》。

民国三十一年（1942年）

一月，父亲病逝，回家。

二月，任云南大学文法学院院长。

四月，草拟云南大学文法学院发展计划三十页。

八月，修订、编次《昭通方言考》。

民国三十二年（1943年）

二月至五月，撰《张华年谱》。

十月，撰写成《护国军纪实》。

民国三十三年（1944年）

三月，录《敦煌经籍校录》，又重录《敦煌杂录》。

民国三十五年（1946年）

六月，完成《职司考》《古史官录》等文章。

民国三十六年（1947年）

任昆明师范学院教授。

民国三十七年（1948年）

经顾颉刚介绍到英士大学任文理学院院长。

民国三十八年（1949年）

四月，应云南省主席卢汉的邀请，任云南省教育厅厅长，后担任云南军政委员会文教处处长。

1950年

六月，重订《张华年谱》。

八月，重订《陆平原年谱》。

十一月，进入云南革命大学学习14个月。

1952年

到云南省博物馆工作，主持重修昆明圆通寺，从设计、制图到施工监督均亲力亲为。

1953年

调任到浙江师范学院任教授。

1955年

《瀛涯敦煌韵辑》由上海出版公司出版。

招古汉语研究生，共8人，并受教育部委托编写大学用古汉语教材。

1957年

任浙江师范学院中文系主任。

《陆平原年谱》《张华年谱》由上海古典文学出版社出版。

1961年

《楚辞书目五种》由上海中华书局出版。

1963年

编《古汉语论文集》，完成《重订天问校注》。

1964年

招楚辞专业研究生。

1965年

与夏承焘、胡士莹、王驾吾等人到萧山参加“四清”运动。

《历代人物年里碑传综表》由中华书局再版。

1966年至1976年

“文革”期间，被批判、抄家，许多书稿被毁坏。

1973年

上海古籍出版社出版《姜亮夫文集》三种：《楚辞学论文集》《敦煌学论文集》《史学论文集》。

1979年

受教育部委托开办楚辞讲习班。

1980年

浙江省语言学会成立，担任会长。

1981年

中国语言文学研究室招研究生。

1983年

杭州大学古籍研究所成立，担任所长。

受教育部委托举办敦煌学讲习班。

七月，受聘任《中国大百科全书》《中国文学卷》编辑委员会委员，先秦分支主编。

1984年

国务院学位委员会批准为中国古典文献学专业博士生导师，开始招收博士。

中国敦煌吐鲁番学会语言文学分会成立，担任会长。

《古文字学》由浙江人民出版社出版。

1985年

《楚辞通故》由齐鲁书社影印出版。

《莫高窟年表》由上海古籍出版社出版。

1986年

中国屈原学会成立，任第一届理事会名誉会长。

1987年

《敦煌学论文集》由上海古籍出版社出版。

《屈原赋今译》由北京出版社出版。

《重订屈原赋校注》由天津古籍出版社出版。

1988年

《昭通方言疏证》由上海古籍出版社出版。

1990年

《瀛涯敦煌韵书卷子考释》由浙江古籍出版社出版。

1992年

《敦煌碎金》由浙江古籍出版社出版。

1993年

《古史学论文集》由上海古籍出版社出版。

1992年至1995年

因病长期住院。

1995年

12月4日，病逝于浙江医院，享年94岁。

参考文献

文中图片均来自徐汉树著：《学林留声录：姜亮夫画传》，浙江大学出版社 2012 年版。

1. 姜亮夫著；沈善洪，胡廷武主编：《姜亮夫全集》24《回忆录》，云南人民出版社 2003 年版。

2. 姜亮夫著：《姜亮夫文录》，云南人民出版社 1999 年版。

3. 姜亮夫著：《敦煌学概论》，北京出版社 2004 年版。

4. 姜亮夫著；沈善洪，胡廷武主编：《姜亮夫全集》21《文学概论讲述》《词选笺注》《北村老人文辑》，云南人民出版社 2003 年版。

5. 姜亮夫著：《根柢之学与博与专的道路——我的治学一得》，载中国教育工会山东大学委员会、山东大学图书馆编：《学者与治学参考资料》，中国教育工会山东大学委员会、山东大学图书馆，1987 年版。

6. 姜亮夫著：《谢本师——学术研究方法的自我剖析》，载《浙江学刊》，2001 年第 4 期。

7. 姜亮夫著：《古史学论文集》，上海古籍出版社 1996 年版。

8. 陶秋英纂辑；姜亮夫校：《敦煌碎金》，浙江古籍出版社 1992 年版。

9. 姜亮夫著：《屈原赋今译》，北京出版社 1987 年版。

10. 姜亮夫著：《忆鲁迅先生二三事》，载《浙江学刊》，1981 年第 3 期。

11. 徐汉树著：《学林留声录：姜亮夫画传》，浙江大学出版社 2012 年版。

12. 高增德，丁东编：《世纪学人自述》第 2 卷《姜亮夫自述》，北京十月文艺出版社 2000 年版。

13. 北京图书馆《文献》丛刊编辑部，吉林省图书馆学会会刊编辑部编：《中国当代社会科学家》第 1 辑《姜亮夫自传》，书目文献出版社 1985 年版。

14. 《姜亮夫全集前言》，载《姜亮夫全集》第 1 辑，云南人民出版社 2002 年版。

15. 姜昆武：《苦行修善果——忆先父姜亮夫》，载《文史知识》，2008 年第 8 期。

16. 姜昆武：《成均老人书目》，载《昭通文史资料选辑》第 5 辑，昭通市政协，1990 年版。

17. 《姜亮夫治学之道》，载《昭通文史资料选辑》第 5 辑，昭通市政协，1990 年版。

18. 《国学大师姜亮夫》，载邹长铭编著：《新编昭通风物志》，云南人民出版社 1999 年版。

19. 林家骊：《姜亮夫年谱简编》，载《职大学报》，2012 年第 4 期。

20. 傅杰：《姜亮夫教授传略》，载《阴山学刊》，1994 年第 2 期。

21. 傅杰：《师范》，载《新华文摘·人物与回忆》，

2001年第2期。

22. 《姜亮夫》，载庞学铨主编：《浙大统战五十年》，浙江大学出版社2001年版。

23. 姜亮夫著；沈善洪，胡廷武主编：《姜亮夫全集》20《史学论文集》，云南人民出版社2003年版。

24. 王明德等著：《近代中国的学术传承》《静安一贯有薪传——王国维学术传承》，巴蜀书社2010年版。

25. 陈友康，罗家湘著：《国学大师姜亮夫》《20世纪云南人文科学学术史稿》，云南人民出版社2003年版。

26. 陈友康：《姜亮夫谈为学"四戒"》，载《中国社会科学报》，2011年02月17日。

27. 陆蔚：《系念故乡的著名学者姜亮夫》，昆明市政协文史学习委员会编：《抗战时期文化名人在昆明》，云南人民出版社2002年版。

28. 中国语言学会《中国现代语言学家传略》编写组编：《中国现代语言学家传略》第2卷《姜亮夫》，河北教育出版社2004年版。

29. 《人物小传·姜亮夫》，载浙江省社会科学界联合会办公室编著：《浙江社联年鉴》，1995年。

30. 李学勤：《学术史中的姜亮夫》，载《中华读书报》，2003年6月4日。

31. 晓舟：《呕心沥血谱教育宏篇——记著名学者姜亮夫教书育人》，载《浙江社会科学》，1990年第1期。

32. 刘跃进，江林昌：《姜亮夫及其楚辞研究》，《文学遗产》，1998年第3期。

33. 王子今：《史学的大匠规矩介绍〈姜亮夫全集〉》，《博览群书》，2003 年第 6 期。

34. 林清泉：《姜亮夫精研楚辞教育世家传书香——学者访谈录》，载殷光熹主编：《楚辞论丛》，巴蜀书社 2008 年版。

35. 王云路：《姜亮夫学术活动漫记》，《浙江大学报》，2002 年 5 月 31 日。

36. 《十年知交，五十年夫妻》，《钱江晚报》，2012 年 05 月 13 日 C0005 版读书。

37. 郭建勋著：《先唐辞赋研究》，人民出版社 2004 年版。

38. 阎国栋著：《俄国汉学史迄于 1917 年》，人民出版社 2006 年版。

39. 肖平编著：《地上成都》，成都时代出版社 2003 年版。

后 记

最早知道姜亮夫这个名字是我在听说他和陶秋英那场旷日持久、风花雪月式的才子佳人故事的时候，后来不经意间看了姜亮夫的《自传》，就对这位世纪学人产生了浓厚的兴趣。云南省委宣传部要出版一套“云南百位历史名人丛书”，以传达云南的“高原情怀，大山品质”，其中就有姜亮夫传记的写作任务；我的恩师林超民先生出于对我的期望和厚爱，乐于启用我这个没有任何经验的小辈，这是忝列门墙的我，深感荣幸的一件事。

同时我又感到前所未有的挑战和压力，姜亮夫是一代学术巨擘、一代鸿儒、一代国学大师，著作等身，让人有一种高山仰止的敬畏。姜亮夫不仅桃李满天下，而且不少门生身居显要，是现在学术研究领域的骨干。所以，为姜亮夫立传的人不在少数，关于姜亮夫及其著作的研究者甚多，研究成果也是汗牛充栋，所以想要逾越这座大山难之又难，而我以这短短的篇幅来完成他的传记，显然会太单薄。为姜亮夫作传，真的是“苦干”。第一苦是因为起点太高，因为已有诸多专家学者做出了很多相关的研究成果，而想要有所突破，还是有难度的，要全数阅读这些论述精湛、汗牛充栋的论著，也是一件难事。第二苦是姜亮夫作为一代学术巨擘，他著作等身，所涉猎的研究领域广、程度深，有文字学、声韵学、甲骨文、楚辞学、敦煌学、历史学、文学等等诸多学科，而姜亮夫在这些学科中所取得的辉煌成就，都不是我等晚生后辈所能望其项背的，更别说将其中的精髓用通晓的语言传递给读者了。

作为一部国学大师的传记，写姜亮夫自然不能绕开他的学术研究，一个人学术研究不可能是孤零零的存在，必然与其学术思想的来源、师承关系、师友渊源、家庭生活、与人的交往及个人的性格、兴趣和社会大背景诸多方面相关，否则仅仅写学术研究，那么这个传记很有可能会流于枯燥艰涩的窠臼。高深的学术研究应该发挥出它所应有的社会价值，而不要成为仅供学界少数人所把玩的阳春白雪。人们往往将大师级的人物看作是神秘的、高高在上的天才一般的人物。其实，他们也是普通人，只不过是因为他们在一些方面付出更多的努力，从而取得了更大的成就而已。作为一个平常人，姜亮夫有着普通人的一切情感，有着普通人一样的某些小想法，像普通人一样吃饭、休息、学习。他一生做过研究、教过书、当过编辑，从事过行政工作，他就是我们大众身边的一员，所以从他的成功之路中我们要有所启发，有所收获。

姜亮夫原名姜寅清，字亮夫，以字行，号成均老人、北邨老人、江南蒙叟。我国著名的楚辞学、敦煌学、语言学、历史文献学家。光绪二十八年（1902 年）夏历四月十二日出生于云南昭通一个书香门第的家庭。姜亮夫先后就读于成都高等师范学校（四川大学前身）、清华大学国学研究院，得到了龚向农、林山腴、王国维、梁启超、陈寅恪、赵元任、李济、章太炎等诸位大师的悉心指导，打下了深厚的国学基础。姜亮夫曾在1935年留学法国巴黎大学学习考古。姜亮夫毕业后，先后在南通中学、无锡中学、大夏大学、中国公学大学部、暨南大学、河南大学、东北大学、云南大学、昆明师范学院、杭州大学等学校任教。因此，姜亮夫也是一位卓有成就的教育家，杏坛耕耘半个多世纪，桃李满天下。

姜亮夫以其毕生精力从事语言学、文字学、楚辞学、敦煌学、历史学的研究，并且在这些领域都取得了卓著的成绩。综观姜亮夫的学术研究可以看出：姜亮夫的治学基石，在于资料与工具书；治学中心，在于语言与历史；治学方法，在于综合与贯通；治学态度，在于耐劳与求实。

姜亮夫作为土生土长的云南人，他也无时无刻地挂念着魂牵梦绕的家乡，因此姜亮夫对家乡的感情、对家乡的期望都体现在《我系念中的故乡》《昭通的风土人情》和《对昭通的期望——给梁公卿的录音信》等文章中。

20世纪的中国是一个风起云涌的时代，姜亮夫恰好出生在清末，生长在这个大变革、大发展、大调整的时代，姜亮夫经历了军阀混战时期的动荡不安、辛亥革命时的翻天覆地，目睹了第一次世界大战、第二次世界大战的血雨腥风，经受了“文革”的煎熬，沐浴到了改革开放的春风，因此姜亮夫的的确确是一位几乎与20世纪相始终的世纪学人。

作为一名学贯中西的国学大师，姜亮夫真可谓是铄懿渊积，他身上所具有的开放、包容、高远、担当、务实的精神正是一种高原情怀、一种大山品质，就是“云南精神”的活生生的例子。为了弘扬姜亮夫的这种精神，这种品质，将姜亮夫的生平事迹真实地记录下来，这部传记没有丝毫的虚构，没有半点艺术加工，仅在个别地方添加了简短的一孔之见，以便于能连接起与读者之间交流的纽带。同时这也是一部20世纪的学术史，也是一部20世纪的学人的生长、生活的真实记录，因此姜亮夫是人物传百花园中不可缺少的一位传主。

回想起写作过程简直是“累并快乐着”，方国瑜先生曾说：“不淹没前人，要胜过前人。”所以要阅读与姜亮夫相关大量的资料这是之累；恩师林超民先生说：“写人物传记的过程就是向传主学习的过程，是反复的学习、深入的学习。”虽然今生无缘现场聆听大师的教诲，但是能在为姜亮夫写传记的过程中学习到姜亮夫的精神，这是非常快乐的一件事，这就是一乐。

由于本人才疏学浅，错误在所难免，希望读者谅之。